Robert Zimmer

Philosophie

Von der Aufklärung
bis heute

POCKET THEMA

Cornelsen
SCRIPTOR

Der Autor

Dr. Robert Zimmer ist freiberuflicher Publizist. Er veröffentlicht schwerpunktmäßig zu den Themen Philosophie und Literatur.

 http://www.cornelsen.de

Gedruckt auf chlorfrei gebleichtem Papier ohne Dioxinbelastung der Gewässer.

Die Deutsche Bibliothek – CIP-Einheitsaufnahme

Zimmer, Robert:
Philosophie : von der Aufklärung bis heute / Robert Zimmer. –
Berlin : Cornelsen Scriptor, 2001
  (Pocket Thema)
  ISBN 3-589-21499-6

5.	4.	3.	2.	1.	€	Die letzten Ziffern bezeichnen
05	04	03	02	01		Zahl und Jahr der Auflage.

Redaktion: Gregor Rauh, Berlin
Satz und Herstellung: FROMM MediaDesign GmbH, Selters/Ts.
Umschlaggestaltung: Bauer + Möhring, Berlin unter Verwendung eines Fotos von Getty Images ©
Illustrationen: S. 8, 12, 25, 41, 51, 57, 65, 72, 80, 96 f., 110, 123 Klaus Müller, Berlin
Druck und Bindearbeiten: Clausen & Bosse, Leck
Printed in Germany
ISBN 3-589-21499-6
Bestellnummer 214996

Inhalt

Antike und Christentum 7
Einleitung 7
Die Ideenlehre 9
Die Frage nach Ursprung und Prinzip der Welt 10
Teleologie 13
Glück, Weisheit und Lebenskunst 14

**Die Philosophie der frühen Neuzeit
und der Aufklärung** 17
Einleitung 17
Rationalismus contra Empirismus 20
Kritik der reinen Vernunft 26
Kategorischer Imperativ 27
Die Zivilisierung des Menschen 28
Die Rechtfertigung politischer Herrschaft 33

**Die Meisterdenker und das Absolute
(ca. 1790–1830)** 37
Einleitung 37
Deutscher Idealismus 38
Wo finden wir das Absolute? 39
Dialektik 42
Existenz 44

**Freiheit und soziale Gerechtigkeit
im 19. Jahrhundert** 45
Einleitung 45
Reform oder Revolution? 47
Liberalismus 48
Utilitarismus 49
Sozialismus vs. Liberalismus 50

Das *Kommunistische Manifest* 53
Sozialismus, Kommunismus, Marxismus,
Anarchismus 54

Eine neue Welt- und Menschensicht im späten 19. Jahrhundert 56

Einleitung 56
Die Welt als Wille und Vorstellung 58
Charles Darwin und die Evolutionstheorie 59
Das Verhältnis von Irrationalität und Vernunft 62
Also sprach Zarathustra 64
Sigmund Freud und die Psychoanalyse 65

Frischer Wind in die Metaphysik im frühen 20. Jahrhundert 66

Einleitung 66
Lebensphilosophie 67
Wo finden wir die wahre, unverfälschte Wirklichkeit? 68
Materiale Wertethik 71
Neue philosophische Ansichten des Menschen 71
Sein und Zeit 74

Philosophie in den Grenzen von Logik und Wissenschaft 76

Einleitung 76
Der amerikanische Pragmatismus 78
Tractatus logico-philosophicus – Philosophische Untersuchungen 81
Wiener Kreis und Logischer Positivismus 82
„Wissenschaftlich" fundierte Philosophie? 83
K. R. Popper und der Kritische Rationalismus 86
Die Sprache der Philosophie: Alltagssprache oder Idealsprache? 87
Geist, wer bist du? Materie und Bewusstsein 89

Vernünftiges Handeln im Kampf der Ideologien 91

Einleitung 91
Systemkritik, Utopie oder „piecemeal-engineering"? 94
Die Frankfurter Schule und ihre Kritische Theorie 98
Die *Dialektik der Aufklärung* 100
Diskursethik 102
Kann es eine Moral für alle geben? 103
Eine Theorie der Gerechtigkeit 105
Michael Walzer und der Kommunitarismus 106

Neue Wege der Philosophie 108

Einleitung 108
Hans-Georg Gadamer und die Hermeneutik 110
Strukturalismus 111
Welcher Vernunft können wir trauen? 114
Dekonstruktion 117
Wider den Methodenzwang 118
Relativität und Pluralität
in einer multikulturellen Welt 120

Internethinweise 124

Register 125

MAGAZIN-SEITEN

Die Frage nach Ursprung und Prinzip der Welt 10/11
Wie halten wirs mit den Trieben?
Das Verhältnis von Irrationalität und Vernunft 62/63
Die Errichter der philosophischen Freiheitsstatue:
Karl Popper und Hannah Arendt 96/97

Verzeichnis der Kurzporträts

Sokrates 8
Platon 9
Aristoteles 12
Epikur 13
Augustinus 15
Thomas von Aquin 16

R. Descartes 19
B. d. Spinoza 20
D. Hume 24
I. Kant 24
Voltaire 31
J.-J. Rousseau 32
J. Locke 35

F. W. J. Schelling 40
G. W. F. Hegel 41
S. Kierkegaard 43

J. S. Mill 48
K. Marx und F. Engels 51

A. Schopenhauer 57
F. Nietzsche 61

H. Bergson 68
E. Husserl und
M. Scheler 70
M. Heidegger 72
Die Pariser
Existentialisten:
Sartre, de Beauvoir,
Camus 74

B. Russell 79
L. Wittgenstein 80
W. v. Orman Quine 88

**G. Lukács und
E. Bloch** 93
K. Popper und
H. Arendt 96
J. Habermas 101
J. Rawls 104

M. Foucault 112
J. Derrida 116
P. Feyerabend 117
R. Rorty 119
P. Sloterdijk 122

Antike und Christentum

Die beiden Säulen der europäischen Philosophie

Einleitung

Es ist 2500 Jahre her: In den kleinen griechischen Stadt-
staaten traten die ersten Philosophen auf. Mit den Antworten der Religion und des Mythos gaben sie sich nicht mehr
zufrieden. An die Stelle von Autorität und Tradition setzten
sie Neugier, Staunen, Kritik, aber vor allem das Bemühen,
rationale Antworten auf ihre Fragen zu finden: Welches ist
der wahre Urstoff der Welt, was steht „hinter" unseren
Wahrnehmungen? Gibt es für alle einsichtige Maßstäbe des
Handelns?

Furore in der Philosophiegeschichte machten dann vor allem die großen drei: **Sokrates** (s. S. 8), **Platon** (s. S. 9) und
Aristoteles (s. S. 12). Für die Philosophie sind sie heute
noch *big names* und genauso lebendig wie zu ihren Leb-
zeiten. Wie Sokrates suchen wir nach einer objektiven
Grundlage unseres Wissens und Handelns. Wie Platon tren-
nen wir zwischen Geist und Materie und wie Aristoteles fragen wir nach dem sinnvollen Zusammenhang von Natur-
erscheinungen und bemühen uns um „logische" Argumen-
tationen.

Auch unsere philosophischen Fachbegriffe wurden zu einem großen Teil von den griechischen Philosophen geprägt. Sie „erfanden" die philosophischen Begriffe, indem
sie Wörtern aus der Umgangssprache eine veränderte Bedeutung gaben und sie neu definierten.

Mehr als 400 Jahre nach dem Tod des Sokrates in Athen trat in einer Nische des Römischen Reiches, in Palästina, ein jüdischer Prophet namens Jesus von Nazareth auf. Von seinen Anhängern wurde er „Christus" (griech. für Messias, der Heilsbringer) genannt und die von ihm begründete Sekte der „Christen" breitete sich in den folgenden Jahrhunderten im ganzen Mittelmeerraum aus. Im Mittelalter wurde sie zur beherrschenden geistigen Kraft in Europa. Mittelalterliche Philosophen wie **Augustinus** (s. S. 15) und **Thomas v. Aquin** (s. S. 16) gaben dem Christentum ein philosophisches Gesicht, indem sie sich mit der antiken Philosophie auseinander setzten. Dabei blieb das Verhältnis von Glaube und Vernunft das wichtigste Thema.

Antike Philosophie und Christentum haben beide die Grundlagen für die europäische Philosophie gelegt.

Sokrates (470–399 v. Chr.) ———————————
Provokateur und Weisheitslehrer

Er bleibt die große charismatische Figur am Beginn der „klassischen" griechischen Philosophie. Für seine Gegner war er eine Art philosophischer Rattenfänger und Provokateur auf dem Marktplatz. Er hat keine einzige Zeile geschrieben. Seine Wirkung erzielte er durch sein Auftreten in den Straßen und auf den Plätzen von Athen. Der gelernte Bildhauer verwickelte Menschen aller Stände in Gespräche über Gott und die Welt. Er stellte ungewohnte Fragen wie: Was heißt eigentlich „Gerechtigkeit", „Tapferkeit" oder „Frömmigkeit"? Es waren Gespräche, die regelmäßig in eine Sackgasse führten und ohne Antwort blieben. Sokrates' Wahlspruch war: Ich weiß, dass ich nichts weiß! – Die von ihm praktizierte Kunst des philosophischen Fragens hat das Selbstverständnis der Philosophie als kritische Grundlagendisziplin begründet. Seit Sokrates ist es das Geschäft der Philosophie, unsere lieb gewonnenen Meinungen kritisch „in Frage" zu stellen.

Philosophischer Guru und erster Akademiker

Er kam aus einer der wichtigsten Adelsfamilien Athens und hielt sich immer für einen der besten. Und dies nicht nur in der Philosophie. Sein Traum war es, als eine Art erfolgreicher Philosophenkönig in die Geschichte einzugehen. Die Idee, dass in einem hierarchisch streng gegliederten Staat die philosophisch Geschulten die Herrscherschicht bilden sollten, entwickelt Platon in seinem Hauptwerk *Politeia* (Der Staat), der ersten bekannten Staatsutopie.

Platon wurde in seiner Schule, der so genannten „Akademie", wie ein religiöser Führer verehrt. Er war ein Guru und Visionär und sah sich als der berufene Nachfolger des Sokrates, den er als Hauptfigur in all seinen Dialogen auftreten ließ, auch in jenen, die nur noch seine eigenen Meinungen und nicht mehr die des Sokrates wiedergaben. Mit seiner **Ideenlehre** (s. unten) und der damit verbundenen These, dass der Geist höher zu bewerten sei als die Materie, hat er die gesamte Philosophiegeschichte beeinflusst. Der Begriff „platonisch" ist sogar in den normalen Sprachgebrauch eingegangen, z. B. als „platonische Liebe". Auch stellte Platon als einer der ersten die These auf, dass sich der Mensch durch Vernunft von den Tieren unterscheidet und dass er eine unsterbliche und unzerstörbare Seele hat.

PHILOSOPHISCHES STICHWORT
Die Ideenlehre

Mit seiner **Ideenlehre** ist der griechische Philosoph Platon (427–347 v. Chr.) (s. oben) zum Begründer des *philosophischen Idealismus* geworden. Stellen wir uns einen Maler vor, der in seiner Vorstellung ein „Bild" von einem Pferd hat, zahlreiche Zeichnungen von Pferden aufs Papier wirft, aber mit keiner Zeichnung zufrieden ist, weil keine dem Idealbild entspricht. Genauso stellte sich Platon das Verhältnis zwischen der Welt der Ideen und der sinnlichen, wahrnehmbaren Welt vor. Nur mit einem Unterschied: Die geistige Welt der „Ideen" war für ihn die eigentliche wahre und höherwertige Wirklichkeit. Sie ist ewig, unvergänglich und kann nur durch den philosophischen Seher erschaut werden. Die ➤ S. 1

Die Frage

Welches ist der Ursprung des Kosmos? Mit dieser Frage beginnt die europäische Philosophie und gleichzeitig die Geschichte der **Ontologie**, der Lehre vom Sein, und der damit verwandten **Metaphysik**, die nach den ersten Ursachen und Prinzipien der Wirklichkeit fragt. Doch in Wahrheit verbergen sich dahinter zwei verschiedene Fragen: die Frage nach dem **Urstoff**, aus dem alles entstanden ist, und die Frage nach dem **Strukturprinzip**, nach dem geistigen Bauplan der Welt. Manche antike Philosophen haben auf die eine, manche auf die andere Frage geantwortet.

Viele der so genannten Vorsokratiker suchten die Antwort in einem materiellen Urstoff der Welt wie der Philosoph **Thales von Milet**, der glaubte, alles sei ursprünglich aus Wasser entstanden. Eine ganz „moderne" Theorie, die viele hundert Jahre später von der Naturwissenschaft wieder aufgegriffen wurde, vertrat der Vorsokratiker **Demokrit**, ein bekennender Materialist: Er stellte die These auf, dass die Welt aus einzelnen, kleinen unzerstörbaren Urteilchen, den Atomen, besteht.

Einer solchen Weltentstehungslehre setzten andere eine Lehre entgegen, die nach den geistigen Prinzipien der Welt fragte, nach dem Gesetz, das die Welt beherrscht. Für **Heraklit** war dies der **Logos**, eine Art Weltvernunft, die hinter allen Veränderungen steht. **Parmenides**, einer der angesehensten Philosophen der Antike, stellte die These auf, dass die wahre Wirklichkeit, das **Sein**, unveränderlich und ewig ist, während die Welt der Veränderungen nur auf Täuschung beruht.

—nach Ursprung und Prinzip der Welt

Parmenides hatte ungeheuren Einfluss auf die beiden bedeutendsten Metaphysiker der Antike, **Platon** (s. S. 9) und **Aristoteles** (s. S. 12). Platon übernimmt die These einer ewigen, unveränderlichen Wirklichkeit, die einer Scheinwelt gegenübersteht. In seiner **Ideenlehre** (s. S. 9) entwickelt er die Theorie, dass es eine geistige Modellwelt, die Welt der Ideen, gibt, die Ursprung und Vorbild unserer wahrnehmbaren Welt der Erscheinungen ist. Die Ideen sind wie eine Pyramide angeordnet. An ihrer Spitze steht die so genannte **Idee des Guten**.

Auch **Aristoteles** hielt an der Vorstellung einer „idealen Form" fest. Doch er sah sie nicht außerhalb der Dinge, in einer idealen Welt, sondern als ein den Dingen eingepflanztes Entwicklungsprogramm, das sich im Laufe der Existenz entfaltet. Die Welt insgesamt wird in Gang gehalten von einem „unbewegten Beweger".

Am Ende der Antike entwickelte der Neoplatoniker **Plotin** eine Metaphysik, die mystisch-religiöse Züge trägt. Das höchste geistige Prinzip, von Plotin u. a. auch „Gott", „das Eine" oder „der Geist" genannt, durchströmt alle Bereiche der Wirklichkeit, wobei, wie bei den meisten antiken Philosophen, die geistige Welt einen höheren Wirklichkeitsgrad hat als die materielle. Plotin übte großen Einfluss auf die frühe **christliche Philosophie**, auf die Geschichte der philosophischen Mystik und auf die gesamte nachfolgende Philosophie und Theologie aus.

wahrnehmbare Welt hingegen ist eine Welt zweiter Klasse, eine Welt der Abbildungen, der Täuschung und Vergänglichkeit. Für alles, was wir aus unserer „normalen" Welt kennen, gibt es eine „Idee" (von griech. *eidos* = Form), d. h. ein ideales Modell. Genau deshalb benutzen wir auch in unserer Sprache nur einen Begriff („Pferd") für viele einzelne konkrete Exemplare. Seit Platons Ideenlehre gehört die Unterscheidung zwischen **Idealismus** und **Materialismus**, zwischen Geist und Materie, und zwischen Vernunft und Erfahrung (s. Rationalismus contra Empirismus, S. 20) zum festen Inventar der Philosophie.

Aristoteles (384–322 v. Chr.)
Wissenschaftler und Systematiker

Kurzporträt

ARISTOTELES

Aristoteles war der Universalgelehrte der griechischen Philosophie. Zwar war er ursprünglich ein Schüler der platonischen „Akademie", doch wie alle guten Schüler löste er sich irgendwann von seinem Meister, machte sich selbstständig und gründete in Athen seine eigene Philosophenschule.

Es zog ihn nicht wie Platon zu einer ideellen Wirklichkeit „hinter" der Wirklichkeit, sondern zu den Dingen selbst. Platon war von der spirituellen Seite der Welt angezogen, Aristoteles war ein Empiriker, der erforschte, was die Dinge in ihrem Inneren zusammenhält. Zu Recht kann man ihn als den Vater der Wissenschaft bezeichnen. Auf Aristoteles geht die Einteilung der Philosophie in verschiedene Disziplinen zurück. Zu jedem wichtigen Forschungsthema schrieb er ein eigenes Buch. Seitdem gibt es erst so etwas wie **Ethik**, **Politik**, **Metaphysik**, **Rhetorik** oder **Logik**.

Einer seiner wichtigsten philosophischen Gedanken besteht in dem „teleologischen" Erklärungsansatz, der Annahme, alle Dinge seien wie ein Samenkorn auf die Entfaltung eines ihnen innewohnenden Zwecks hin angelegt. Mit diesem Gedanken hat Aristoteles über Jahrhunderte die Naturforschung bestimmt.

Teleologie hat nichts mit „Theologie" zu tun, sondern ist von dem griechischen Begriff *télos* = Zweck, Ziel abgeleitet. Sie bezeichnet eine von Aristoteles eingeführte Art der Wirklichkeitserklärung. Wenn wir heute noch ab und zu die optimistische Meinung hören, alles in der Natur sei sinnvoll eingerichtet und wohl geordnet, so hören wir das Echo der aristotelischen Teleologie.

Das geistige Prinzip der Dinge, das für Platon noch in der „Idee", außerhalb der konkreten Dinge lag, findet Aristoteles nun in der Anlage der Dinge selbst. Aristoteles ging davon aus, dass jedes Ding, vom kleinsten Staubkorn bis zum Sternenhimmel, eine Art programmierten Computerchip in sich trägt, der seine Entwicklung auf ein bestimmtes Ziel hin lenkt. In seiner eigenen Sprache ausgedrückt: Jedes Ding hat sein *télos*. Beispiele: In einem Samen ist die Entwicklung zu einer bestimmten Pflanzenform angelegt. Auch der Mensch ist durch seine geistigen Anlagen auf eine Verwirklichung als Vernunftwesen programmiert. Immer, wenn wir fragen: Wozu, zu welchem Zweck ist etwas da?, machen wir von der Teleologie Gebrauch.

Kurzporträt ———————— **Epikur** (ca. 341–270 v. Chr.)
Der Lebenskünstler mit schlechtem Ruf

Kein Philosoph ist so verleumdet worden wie Epikur. War er wirklich ein Lustmolch, der sich allen Sinnesfreuden hingibt, ein „Schweinchen", wie der römische Dichter Horaz seine Anhänger, die „Epikureer", nannte? Eine immer wieder gestellte Frage, auf die es nur eine Antwort gibt: Nein! Wahr ist vielmehr, dass Epikur die *Lust* zum Hauptantrieb des menschlichen Handelns erklärte. Nur verstand er darunter etwas völlig anderes als wir heute. Das „gute Leben" war für Epikur ein Leben, dass sich in der bescheidenen Erfüllung der lebensnotwendigen Bedürfnisse, wie Schlafen, mäßiges Essen, Trinken und die Gesellschaft von Freunden verwirklicht. **Seelenruhe** war das Ziel seiner Lehre, und Epikur selbst hatte einen langen Weg hinter sich, bevor er sich seinen philosophischen Ruhesitz wählte. Aufgewachsen auf der Insel Samos, lehrte er Philosophie in verschiedenen Gegenden Griechenlands und kaufte sich schließlich in Athen ein Grundstück. Seine dort etablierte Athener Philosophenschule „Der Garten" war so etwas wie ein liberales philosophisches Kloster, zu dem auch Frauen Zugang hatten und in dem eine von Vernunft und Maß bestimmte Lebensform eingeübt wurde. Orgien und Ausschweifungen gab es im „Garten" Epikurs jedenfalls nicht. Epikur ist der Philosoph der klugen **Lebenskunst**, in der wir das rechte Maß zwischen Askese und Konsumterror finden.

PHILOSOPHISCHE DEBATTE
Glück, Weisheit und Lebenskunst

Was in den modernen stressgeplagten Leistungs- und Konsumgesellschaften immer mehr zum Thema wird, hat in der Philosophie eine lange Tradition. Für die antiken Philosophen war es selbstverständlich, Antwort auf die Frage zu geben, die heute Psychologen, Seelsorger und Lifestyle-Experten beschäftigt: Was brauche ich im Leben wirklich, um glücklich zu werden? Philosophie stand, wie in den Meditationslehren des Orients, im Dienst der **Weisheit**. Der Weise war nicht der philosophisch Gebildete, sondern derjenige, der das natürliche Ziel menschlicher Existenz, das Glück, für sich verwirklicht hatte.

In diesem Sinn entwickelten die Philosophenschulen der Spätantike und des Hellenismus, unter ihnen die Epikureer, Kyniker, Stoiker und Skeptiker, eine Lehre der **Lebenskunst**, die lebenspraktisch und konkret war. Sie ging davon aus, dass Glück nicht im Rausch, im Konsum, in Fitness oder Wellness besteht, sondern in der **Seelenruhe**, einer inneren Gelassenheit und Zufriedenheit. Die meisten spätantiken Philosophen, gleichgültig welcher Schule sie sich zugehörig fühlten, hatten eine ähnliche „Lebensphilosophie": Sie empfahlen u. a. einen mäßigen Umgang mit materiellen Gütern, die Pflege wichtiger sozialer Beziehungen und warnten davor, sich die Zähne an den Dingen auszubeißen, die ohnehin nicht zu ändern sind. Eine Hauptforderung war: sich von nichts abhängig zu machen und Herr über seine eigenen Lebensentscheidungen zu bleiben.

——————— **Augustinus** (354–430)
Vom jungen Wilden zum Kirchenvater

Er war ein Kind des späten Römischen Reichs. Er wuchs fast 700 Jahre nach dem Tod des Aristoteles in Nordafrika, im heutigen Algerien als Sohn eines heidnischen Vaters und einer eifersüchtigen und besitzergreifenden Mutter auf, die der jungen Religion der Christen angehörte und ihren Sohn für diese aufstrebende Glaubensrichtung gewinnen wollte. Doch es dauerte eine ganze Weile, bis sie Erfolg hatte. Denn der junge, hochbegabte Augustinus, der in Karthago Rhetorik studierte, wollte sich zunächst ausprobieren und sich die Hörner abstoßen. In seinen *Bekenntnissen* (ca. 400), der ersten philosophischen Autobiographie, die wir kennen, hat er über sein sündiges Leben und seine zahlreichen Affären berichtet.

In den christlichen Kirchen gilt er bis heute als der bedeutendste frühe Kirchenvater, in der Philosophie als der erste große Denker des Mittelalters. Augustinus hat in mehrfacher Hinsicht der Philosophie eine neue Richtung gegeben: Er führte das moderne geschichtliche Denken ein, indem er die Entwicklung der Menschheit als einen Prozess deutete, der auf einen Endzustand, auf eine Erlösung hinsteuert. Das politische Geschehen interessierte Augustinus allerdings wenig. Sein Blick war ganz auf das Jenseits, auf das religiöse Heil gerichtet. Angeregt von der christlichen Idee, dass der Mensch ein persönliches Verhältnis zu Gott hat, lenkte er aber auch den Blick auf das Innere des Menschen, auf seine Gewissenskonflikte und Bewusstseinsprozesse. Mit Augustinus fand die *Subjektivität* Eingang in die Philosophie. Glaube und Vernunft waren für Augustinus durch einen Graben getrennt, den der Mensch aus eigener Kraft nicht überspringen konnte: Das Seelenheil erreichte man nur durch die Hilfestellung der göttlichen Gnade.

Thomas von Aquin (1225–1274)
Der christliche Aristoteles

Was hat der griechische Philosoph Aristoteles (s. S. 12) mit der katholischen Kirche zu tun? Die Antwort liegt in der Person des Thomas v. Aquin, des größten Philosophen des Mittelalters. Viele Jahrhunderte galten die Schriften des Aristoteles in Europa als verschollen. Erst durch islamische Philosophen wurden sie wieder bekannt. Für sie war, wie für Thomas v. Aquin, Aristoteles schlicht „der Philosoph". Thomas machte aus dem griechischen Philosophen einen Vorläufer der christlichen Theologie. Mit durchschlagendem Erfolg: 1879 erklärte der Papst den „Thomismus" zur offiziellen Kirchenphilosophie.

Aristoteles half Thomas, das wichtigste philosophische Problem des Mittelalters zu lösen: den Konflikt zwischen Glauben und Vernunft. Neben den geoffenbarten Glaubenswahrheiten gestand Thomas auch der Vernunft eine eigene Wahrheit zu. Die Vernunft wurde nun zum Wegbereiter des Glaubens. Thomas glaubte, dass man Gott beweisen könne, und legte allein fünf verschiedene Gottesbeweise vor. Mit Hilfe der aristotelischen Lehre deutete er die Welt als einen zweckgerichteten, stufenweise gegliederten Bau, der in Gott als dem höchsten Wesen mündet.

Thomas war ein willensstarker und brillanter Kopf. Obwohl ihn seine Kommilitonen als „stummen Ochsen" bezeichnet hatten, wurde er zu einem der berühmtesten Universitätsdozenten seiner Zeit. Bereits 1323 sprach ihn die Kirche heilig.

Die Philosophie der frühen Neuzeit und der Aufklärung

Aufbruch in die Mündigkeit

Einleitung

Mit dem Ende des Mittelalters, in der Renaissance und frühen Neuzeit, begann die Philosophie, sich wieder von den Vorgaben der Theologie zu lösen. Die meisten Philosophen waren auch weiterhin gläubige Christen, doch das Wissen war dem Glauben nicht mehr untergeordnet; Glaube und Wissen sollten sich zwar ergänzen, aber getrennt behandelt werden. Die Philosophie bemühte sich, allein mit Hilfe der Vernunft die Grundlagen einer sicheren Erkenntnis zu finden und auch den Staat und das moralische Handeln „rational" zu begründen. Mit seinem Versuch, sich der Wahrheit ganz mit Hilfe des Denkens zu vergewissern, wurde der Franzose **René Descartes** (s. S. 19) im frühen 17. Jahrhundert zum Vater des neuzeitlichen *Rationalismus*. Ende des 17. Jahrhunderts führte dies zu einem „Aufbruch in die Mündigkeit", der nicht nur die Philosophie, sondern die gesamte Gesellschaft erfasste. Die Renaissance mündete in die *Aufklärung*.

Der Begriff „Aufklärung" war ursprünglich ganz wörtlich gemeint. Er enthielt ein Programm und eine Beschreibung. Die Philosophen des spätcn 17. und des 18. Jahrhunderts sahen sich als Zeugen eines Zeitalters, in dem es „aufklarte", in dem das Dunkel durch das Licht verdrängt wurde. „Aufklärung" war ursprünglich die deutsche Übersetzung von *Les Lumières*, wörtl. „die Lichter", wie die Franzosen das Zeitalter nennen. Mit dem Dunkel war das Mittelalter und dessen Erbe in der Gegenwart gemeint: die ungerechtfertigte geistige Herrschaft der Kirche, des Dogmatismus und Fanatismus über die menschliche Erziehung, das Festhalten an unbegründeten Ideen und Vorurteilen in der Philosophie und die ungerechtfertigte politische Herrschaft eines absoluten Monarchen „von Gottes Gnaden". Das gesamte Wissen sollte auf eine neue, eine Vernunftgrundlage gestellt werden. „Wage es, dich deines eigenen Verstandes zu bedienen!", so formulierte **Immanuel Kant** (s. S. 24 ff.) diese Aufforderung in seinem Aufsatz *Was ist Aufklärung?*.

Positive Schlagworte der Aufklärung waren z. B. Toleranz, Kritik, Vernunft, Natur und **Autonomie**, d. h. „Selbstgesetzgebung". Die Aufklärung war ein offenes und optimistisches Zeitalter. Viele Aufklärer waren Kosmopoliten, also Weltbürger, die die Heimat der Zivilisation nicht nur in Europa, sondern z. B. auch im Orient oder in China sahen. Sie glaubten an das „Positive" und die Entwicklungsfähigkeit des Menschen und versprachen sich von der Zukunft einen ständigen Fortschritt zum Besseren. Der Glaube an Wissenschaft und Technik, an die Erziehbarkeit des Menschen, an eine Welt des beständigen Wachstums und der Globalisierung hat in der Aufklärung seine Wurzeln.

Ihren ersten Höhepunkt erlebte die Aufklärung in Großbritannien, wo bereits in der „Glorreichen Revolution" von 1688 die absolute Monarchie zugunsten einer eingeschränkten „konstitutionellen Monarchie", die dem Parlament verantwortlich war, abgeschafft wurde. Zur Zeit der Aufklärung war Großbritannien das fortschrittlichste Land Europas. Unterstützt und beeinflusst wurde diese Entwicklung durch Denker wie **John Locke** (s. S. 35) und **David Hume** (s. S. 24), die für die Freiheit des Individuums, den Verfassungsstaat, die Toleranz zwischen den Religionen und für die Erfahrung als Prüfstein der Erkenntnis eintraten.

Diese neuen englischen Ideen wurden von Philosophen wie **Voltaire** (s. S. 31) nach Frankreich transportiert. Doch in Frankreich war die Lage völlig anders als in England. Hier herrschte der König noch absolut, die katholische Kirche war mächtig und die Zensur allgegenwärtig. In ihrem Kampf gegen die etablierten Institutionen wurden die französischen Aufklärer zu öffentlich wirkenden Publizisten, die der Verfolgung ausgesetzt waren, und zu Wegbereitern der Französischen Revolution.

Von Frankreich aus kam die Aufklärung nach Deutschland, einem rückständigen, von Kleinstaaten zerstückelten Land, in dem es kein politisches Zentrum und keine einheitliche gesellschaftliche Öffentlichkeit gab. Die Aufklärer waren hier keine politisch aktiven Publizisten, sondern meistens Gelehrte, wie der Königsberger Professor Immanuel Kant (s. S. 24 ff.), der in seiner *Kritik der reinen Vernunft* (s. S. 26) die Grenzen menschlicher Erkenntnisfähigkeit neu bestimmte.

Kurzporträt ———————————— **René Descartes** (1596–1650)
Verehrer der Mathematik und
Vater des Rationalismus

Das nach René Descartes benannte „cartesische Denken" hat bis heute die Philosophie beeinflusst, aber auch heftigen Widerspruch hervorgerufen. Gemeint ist ein Denken, dass von der rationalen Erklärbarkeit aller Dinge und von der strengen Trennung von Geist und Materie ausgeht.

In der Tat war Descartes ein ausgebildeter Mathematiker. Der logische Aufbau der Mathematik, aber auch die neuen mechanischen Naturerklärungen des Physikers Galileo Galilei waren für ihn das Modell der Wissenschaft und das Vorbild für die Philosophie. Descartes lebte in einer Zeit der religiösen Bürgerkriege und der Glaubensverfolgungen. Geboren in einem kleinen Ort im Westen Frankreichs, war er zeitweise Soldat und kam viel herum, so in den Niederlanden und in Deutschland, wo er 1619 durch einen Traum dazu inspiriert wurde, sich den wesentlichen Fragen der Philosophie zuzuwenden. In zwei seiner berühmtesten Schriften, der *Abhandlung über die Methode* (1637) und den *Meditationen über die Grundlagen der Philosophie* (1641), gelangt er, streng methodisch, zur einzig unbezweifelbaren Wahrheit. Sie liegt nicht außerhalb des Menschen, sondern in der Selbstgewissheit, in dem Bewusstsein, das der denkende Mensch von sich selbst hat. Descartes wurde damit nicht nur zum Begründer des **Rationalismus** (s. S. 21), sondern auch zum Begründer der neuzeitlichen **Erkenntnistheorie**.

Er starb im kalten Stockholm, wohin er sich durch eine Einladung der schwedischen Königin hatte locken lassen. Im Gegenzug überredete er die Königin, zum Katholizismus überzutreten. Die Gerüchte, er sei vergiftet worden, sind nie verstummt.

Baruch de Spinoza (1632–1677) —————— *Kurzporträt*
Der verfemte Humanist

Sein persönliches Motto lautete „*Caute!*", d. h. „Sei vorsichtig!" Und dies nicht ohne Grund. Geboren in Amsterdam, stammte er aus einer Familie von portugiesischen Juden, die vor der Inquisition in die Niederlande geflüchtet waren. Dort war es die jüdische Gemeinde selbst, die ihn wegen seiner unorthodoxen Ansichten mit einem Bann belegte. Er verließ Amsterdam, lebte zurückgezogen an verschiedenen Orten der Niederlande und verdiente seinen Lebensunterhalt als Linsenschleifer.

In seinem Hauptwerk, der *Ethik* (1677), entwirft er eine Vernunftreligion: Alles Wirkliche ist von Gott durchdrungen, die Natur und Gott sind eins. Politisch unterstützte er die liberalen Kräfte in den Niederlanden und stellte die These auf, dass es Zweck des Staates sei, die Freiheit der Bürger zu schützen. Bereits im Februar 1677 verstarb er im Alter von 44 Jahren.

Auch nach seinem Tod wurde Spinoza vor allem von der Kirche als Atheist verleumdet, wobei auch der verbreitete Antisemitismus eine Rolle spielte. Doch in seinem Eintreten für Vernunft, Freiheit und Toleranz war er ein Vorläufer der Aufklärung. In Deutschland bekannten sich u. a. Lessing, Herder und Goethe zu Spinoza.

PHILOSOPHISCHE DEBATTE
Vernunfterkenntnis contra Erfahrungserkenntnis – Rationalismus contra Empirismus

Eine der beherrschenden Probleme der Philosophie der frühen Neuzeit und der Aufklärung war das „Erkenntnisproblem": Welches sind die Grundlagen einer sicheren Erkenntnis der Welt? Zwei große Denkschulen der **Erkenntnis-**

theorie standen sich einander gegenüber: der so genannte **Rationalismus** und der **Empirismus**. Beide gingen das Problem auf unterschiedliche Art an. Die Rationalisten orientierten sich vor allem am Vorbild der Mathematik und deren Ideal der Klarheit und Exaktheit. Wie in der Mathematik, so gibt es nach Meinung der Rationalisten auch in der Erkenntnistheorie von der Erfahrung unabhängige, also **a priori** geltende Vernunfterkenntnisse. Dazu gehören z. B. das Kausalitätsprinzip ("Alle Ereignisse sind durch Ursache und Wirkung miteinander verknüpft."), aber auch die Idee Gottes und einer unsterblichen Seele. Es handelt sich dabei um "angeborene Ideen".

Begründet wurde der Rationalismus bereits im 17. Jahrhundert durch den französischen Philosophen und Mathematiker **René Descartes** (1596–1650) (s. S. 19). Descartes gelangt zu den Grundlagen der Erkenntnis, indem er alles radikal in Zweifel zieht. Alles Denken und alle Erkenntnis kann nach Descartes Täuschung sein, außer der Tatsache des Zweifelns und Denkens selbst. Der Satz "Ich denke, also bin ich" wurde zur Grundlage der **cartesischen Philosophie**. Aus diesem Satz leitet Descartes die These ab, dass das denkende Ich eine von der materiellen Welt unabhängige Existenz hat und dass es von der Erfahrung unabhängige, angeborene Ideen gibt. Für die Aufklärung besonders einflussreich war das Werk zweier anderer Rationalisten: **Baruch de Spinoza** (1632–1677) (s. S. 20) und **Gottfried Wilhelm Leibniz** (1646–1716). Leibniz behauptete in der Tradition Descartes', dass es neben den **Tatsachenwahrheiten** auch **Vernunftwahrheiten** gibt. Der Rationalismus setzte sich vor allem in Frankreich und Deutschland durch.

Der Empirismus dagegen entstand im englischsprachigen Raum. Mit Francis Bacon (1561–1626) und Isaac Newton (1643–1727) hatte England bereits zwei herausragende Vertreter der neuen empirischen Naturerklärung hervorgebracht. Als Vater des philosophischen Empirismus gilt allerdings **John Locke** (1632–1704) (s. S. 35). In seinem *Essay über den menschlichen Verstand* (1690) verglich Locke das

Bewusstsein des Menschen, bevor er mit Sinneserfahrung in Berührung kommt, mit einer *tabula rasa*, einem leeren, unbeschriebenen Blatt, das erst durch die Sinneserfahrung gefüllt wird. Der Ire **George Berkeley** (1684–1753) prägte den Satz *Esse est percipi*, d. h. „Alles Wirkliche liegt in der Wahrnehmung". „Angeborene" Erkenntnisse oder **Erkenntnisse a priori** gibt es also für die Empiristen nicht. Sichere Erkenntnisse erlangen wir erst durch das Verarbeiten von Einzelerfahrungen.

Lockes wichtigster Nachfolger, der Schotte David Hume (1711–1776) (s. S. 24), fügt in seinem Werk *Untersuchung über den menschlichen Verstand* (1748) dem empiristischen Ansatz noch einen **Skeptizismus** hinzu. Eine absolut sichere Erkenntnis der Welt ist nach Hume überhaupt nicht möglich. Er erläutert dies an seiner **Kritik des Kausalitätsprinzips**. Selbst wenn uns die Erfahrung lehrt, dass ein Ereignis A immer auf ein anderes Ereignis B folgt, so können wir daraus doch nicht schließen, dass B die „Ursache" von A ist. Was wir als Ursache und Wirkung beschreiben, ist lediglich ein gewohnheitsmäßiges zeitliches Aufeinanderfolgen. Die so genannte Induktion, d. h. der Schluss von vielen gleichen Einzelfällen auf ein allgemeines Gesetz, ist psychologisch verständlich, aber logisch nicht zwingend.

Es war David Hume, von dem **Immanuel Kant** (1724–1804) (s. S. 24 ff.) sagte, er habe ihn aus seinem „dogmatischen Schlummer" geweckt. Kant selbst nahm für sich in Anspruch, den Gegensatz zwischen Rationalismus und Empirismus in einem Kompromiss aufgelöst zu haben. Erzogen in der Tradition des Rationalismus, kam er durch die Lektüre Humes zu der Erkenntnis, dass ohne sinnliche Erfahrung eine sichere Erkenntnis nicht möglich ist. Andererseits behielt Kant wie die Rationalisten das Vorbild der Mathematik im Auge und hielt daran fest, dass es in der menschlichen Vernunft Erkenntnisvoraussetzungen gibt, die *a priori* gelten. Dazu gehören z. B. die räumliche und zeitliche Anschauung, die wir überall anwenden und die wie eine Brille an unserem Erkenntnisvermögen festgewachsen ist.

Auch dass wir Wahrnehmungen kausal miteinander verknüpfen, ist solch eine Art Erkenntnisschablone, die uns *a priori* mitgegeben ist. Die sinnliche Erfahrung allein bringt also auch keine sicheren Erkenntnisse hervor.

Nach dem von Kant in seinem Hauptwerk ***Kritik der reinen Vernunft*** (1781) (s. S. 26) entwickelten Kompromiss zwischen Rationalismus und Empirismus könnte man den Prozess der menschlichen Erkenntnis, in einem vereinfachenden Bild, mit dem Kuchenbacken vergleichen: So wie ein Kuchen aus dem Zusammenwirken einer Kuchenform und dem Teig entsteht, so entsteht Erkenntnis aus dem Zusammenwirken unserer Erkenntnisvoraussetzungen *a priori* und der sinnlichen Erfahrung. Verschiedene Kuchenformen tragen wir immer bei uns, sie sind *a priori*. Ohne Teig bringen sie uns aber gar nichts. Andererseits: Teig ohne Kuchenform hilft uns auch nicht weiter. Durch die Kuchenformen, die Erkenntnisvoraussetzungen also, ist der Rahmen für die „Welt der Erscheinungen" festgelegt, der einzigen Welt, über die wir sichere Erkenntnisse haben können. Wie die „wahre Welt", die Welt der so genannten **Dinge an sich** aussieht, darüber können wir nichts wissen.

Kants neue „kritische" Philosophie hatte noch einen folgenreichen Nebeneffekt: Es gibt nämlich Kuchenformen, die wir bilden, die sich aber nicht mit Teig, sprich Erfahrung füllen lassen. Sie gaukeln uns einen möglichen Kuchen vor, der aber nie entstehen kann. Dazu gehören nach Kant die Ideen von Gott und einer unsterblichen Seele. Es gibt keine wissenschaftlich fundierte Philosophie, die gesicherte Aussagen über Gott oder eine unsterbliche Seele machen kann. Im Gegensatz zu den mittelalterlichen Philosophen und zu den Rationalisten vor ihm glaubt Kant, dass Gott nicht beweisbar ist. Mit Kant hatte sich die Philosophie endgültig von der Theologie emanzipiert.

David Hume (1711–1776)
Menschenfreund und Skeptiker

Der Schotte David Hume war kein reiner Fachphilosoph, sondern das, was man im Französischen einen *homme de lettres*, einen literarisch allseits gebildeten und geistig produktiven Menschen, nennt. Berühmtheit erlangte er auch nicht mit seinen philosophischen Schriften, sondern durch die vier Bände seiner *Geschichte Englands* (1754–1761). Hume galt seinen Zeitgenossen vor allem als renommierter Historiker. Aber er war auch ein glänzender Essayist, voller Witz und Ironie. Auch Abstecher in die Politik waren ihm nicht fremd. So diente er als britischer Botschafter in Paris und als Unterstaatssekretär im Auswärtigen Amt in London.

Als Mensch war er vertrauensvoll und hilfsbereit. So leistete er Jean-Jacques Rousseau großzügige Hilfe, als dieser vor den französischen Behörden von Frankreich nach England flüchten musste. Hume war auch philosophisch bereit, dem Menschen einen Vertrauensvorschuss zu gewähren. In seiner *Untersuchung über die Prinzipien der Moral* (1751) gesteht er dem Menschen eine soziale Ader, eine von Natur aus vorhandene Menschenliebe zu. Im Gegensatz zu vielen anderen Aufklärern glaubte er nicht an die Kraft der Vernunft. Von Hume stammt der berühmte Satz, die Vernunft sei „ein Sklave der Leidenschaften". Moralisch handeln hieß für Hume, unsere guten und menschenfreundlichen Gefühle zu mobilisieren.

Auch seine Erkenntnistheorie ist von Skepsis gegenüber den Möglichkeiten der Vernunft geprägt. Alles Wissen, das wir haben, so führt er in seiner *Untersuchung über den menschlichen Verstand* (1748) aus, stammt aus der Erfahrung, und niemals ist es ein endgültiges und sicheres Wissen.

Hume starb gelassen und heiter, eines Philosophen würdig. Er litt an einem unheilbaren Tumor. Am 4. Juli 1776, dem Tag der amerikanischen Unabhängigkeitserklärung, lud er seine Freunde zu einem Abschiedsmahl ein. Am 21. August starb er. Begraben wurde er auf einem Hügel seiner Heimatstadt Edinburgh.

Immanuel Kant (1724–1804)
Professor der reinen Vernunft

Wenn der Herr Professor Kant im preußischen Königsberg zu seinem Nachmittagsspaziergang aufbrach, konnten die Nachbarn die Tageszeit kontrollieren: Es war exakt 16 Uhr. Besonders im Alter trug Kant viele Züge einer Karikatur des Musterdeutschen. Sein bis ins kleinste geregelter Tagesablauf wurde nur einmal, nämlich an jenem denkwürdigen Tag unterbrochen, als er Rousseaus neu erschienenen Roman *Emile* erhielt. Fasziniert von der Lektüre, ließ er seinen Spaziergang ausfallen und las das Buch bis zu Ende. Auch seine Vergnügungen waren eher bescheidener Art: In seiner Studentenzeit spielte er Billard, später pflegte er die geistreiche Konversation unter ausgewählten Freunden. Aus einer Handwerkerfamilie stammend und in streng pietistischem Geist erzogen, bestand sein Leben vor allem aus diszipliniertem Studium. Geduldig arbeitete er sich hoch, bis er mit 46 Jahren die ersehnte ordentliche Professur für Metaphysik und Logik erhielt. Den Umkreis seiner Heimatstadt Königsberg verließ er nie. Stattdessen hielt er Vorlesungen in Geographie und erzählte seinen Studenten, wie es in der Welt so aussieht.

K · A · N · T

Auch politisch hielt er sich, anders als seine französischen Zeitgenossen, zurück. Als seine Religionsphilosophie von der staatlichen Zensur gerügt wurde, reagierte er mit einem für ihn typischen Kompromiss: Er protestierte nicht, widerrief aber ebensowenig, sondern schwieg. So gehorchte er der Obrigkeit, ohne sich verleugnen zu müssen.

So unspektakulär sein Leben war, so spektakulär ist sein Werk. Nicht nur seine Zeitgenossen, auch heutige Philosophen in aller Welt sind sich einig, dass Kant einer der bedeutendsten Denker der Philosophiegeschichte ist. Auf allen wichtigen Gebieten der Philosophie hat er neue und wegweisende Erkenntnisse geliefert. Seine drei berühmten „Kritiken", die **Kritik der reinen Vernunft** (1781) (s. S. 26), die *Kritik der praktischen Vernunft* (1788) und die *Kritik der Urteilskraft* (1790), unternehmen den Versuch, den gesamten Bereich unserer Erkenntnis und unseres Handelns auf eine neue, verlässliche Grundlage zu stellen. Kants aufklärerische Grundforderung an den Menschen lautete: Selbst denken, sich unabhängig von Autoritäten auf die Kraft der eigenen Vernunft verlassen.

Sein Hauptwerk *Kritik der reinen Vernunft* ist jedoch auch Ausdruck der philosophischen Bescheidenheit. Unsere Möglichkeit, die Welt zu erkennen, ist nach Kant begrenzt. Wir erkennen nur „unsere Welt", die „Welt der Erscheinungen", nicht die Welt „an sich". Wir sind auf eine bestimmte Welt hin programmiert. Ebenso revolutionär war Kants Moralphilosophie: Moral hat nichts mit Streben nach Glück zu tun, sondern nur mit dem guten Willen und der Pflichterfüllung. Mit seinem **Kategorischen Imperativ** (s. S. 27) wollte er der **Autonomie** des Menschen Ausdruck verleihen und der Moral einen neuen Maßstab an die Hand geben, mit dessen Hilfe man entscheiden konnte, was moralisch ist und was nicht.

Als Kant am 28. Februar 1804 beerdigt wurde, war er bereits eine Berühmtheit. Eine große Schar Königsberger folgte seinem Sarg. Dieser Ruhm hat bis heute angehalten. Leichte Lektüre sind Kants Werke allerdings nicht. Für jeden Philosophen sind sie aber Pflichtlektüre geblieben.

PHILOSOPHISCHES STICHWORT
Kritik der reinen Vernunft

Die *Kritik der reinen Vernunft*, das 1781 erschienene Hauptwerk Immanuel Kants (1724–1804) (s. S. 24 ff.), ist nicht nur ein Hauptwerk der *Aufklärung*, sondern auch eines der epochemachenden Werke der Philosophiegeschichte insgesamt. Kant versuchte mit diesem Buch, den Streit zwischen **Rationalisten** und **Empiristen** zu einer Lösung zu führen, die Grenzen der menschlichen Erkenntnisfähigkeit neu zu ziehen und die Philosophie auf eine wissenschaftliche Grundlage zu stellen. Nach seiner eigenen Einschätzung vollzog Kant in der *Kritik der reinen Vernunft* eine „kopernikanische Wende" in der Philosophie: So wie Kopernikus die damalige Astronomie durch seine Behauptung auf den Kopf stellte, nicht die Sonne kreise um die Erde, sondern die Erde um die Sonne, so behauptete Kant: Unsere Erkenntnis richtet sich nicht nach den Gegenständen, sondern die Gegenstände nach der Erkenntnis. Soll heißen: Das, was wir als Gegenstände in der Welt erkennen, wird durch die Erkenntnisvoraussetzungen in unserem Kopf mitkonstruiert. Diese Erkenntnisvoraussetzungen als „Bedingung der Möglichkeit" von Erkenntnis nennt Kant **transzendental** (im Unterschied zu „transzendent", d. h. „über die Erfahrungswelt hinausreichend".) Mit dieser **Transzendentalphilosophie** wendet sich Kant sowohl gegen die Auffassung, Erkenntnis komme durch reines Denken zustande, als auch gegen die Ansicht, alles Erkennen stamme aus der Erfahrung. In Kants Worten: „Begriffe ohne Anschauungen sind leer, Anschauungen ohne Begriffe sind blind." Erkenntnis ist nach Kant vielmehr ein zusammengesetzter Prozess, in dem zwei Elemente sich verbinden: Erkenntnisformen, die uns *a priori*, also „von vornherein", angeboren sind, und Erfahrungsdaten, die wir der Außenwelt entnehmen. Damit ist die uns zugängliche „Welt der Erscheinungen" definiert. Die Welt der **Dinge an sich** hingegen bleibt uns unzugänglich. Zu den Begriffen „ohne Anschauung" zählen auch religiöse Begriffe wie „Gott" und die „unsterbliche Seele". Derartige theologische Vorstellungen liegen deshalb nach Kant außerhalb des menschlichen Erkenntnisvermögens.

PHILOSOPHISCHES STICHWORT
Kategorischer Imperativ

Der kategorische Imperativ ist das von Immanuel Kant (s. S. 24 ff.) aufgestellte oberste Moralprinzip, das wie eine Art moralischer Kompass dazu dienen soll, Handlungen und Regeln auf ihre Moralfähigkeit hin zu prüfen. „Kategorisch" heißt dieser Imperativ, weil er unbedingt und in allen Fällen gilt. Er definiert das, was meine moralische Pflicht ist. Die bekannteste, von Kant in seiner Schrift *Grundlegung zur Metaphysik der Sitten* (1785) aufgestellte Formulierung des kategorischen Imperativs lautet: „Handle nur nach derjenigen Maxime, durch die du zugleich wollen kannst, dass sie ein allgemeines Gesetz werde." Jeder persönliche Grundsatz (Maxime) muss also daraufhin getestet werden, ob er sich zu einem allgemeinen Gesetz eignet. Mit dem kategorischen Imperativ leitete Kant eine Revolution in der Moralphilosophie ein: Im moralischen Handeln darf sich der Mensch nicht mehr von bestimmten Zwecken und Zielen wie Glück oder Wohlergehen abhängig machen, sondern er achtet sich und andere als Selbstzweck und Vernunftwesen. Der kategorische Imperativ ist Ausdruck der menschlichen **Autonomie**, der Selbstbestimmung, die sich über die bloßen Bedürfnisse der Natur erhebt.

PHILOSOPHISCHES STICHWORT

Toleranz, Vernunft und Mündigkeit: Die Zivilisierung des Menschen

Dass der Mensch sich häufig wie eine Bestie verhält, hatten die Aufklärer ständig vor Augen. Im 18. Jahrhundert hatte Europa gerade eine Reihe blutiger Religionskriege hinter sich. Doch der Glaube, dass der Mensch zu Humanität und Toleranz erzogen werden kann, war fast allen Aufklärern gemeinsam. Die Aufklärung präsentierte sich als groß angelegtes Erziehungsprogramm, das unter zwei Leitbegriffen stand: Vernunft und Natur.

Doch schon bei der Frage, ob der Mensch von Natur gut oder böse sei, gingen die Meinungen auseinander. In der englischen Aufklärungsphilosophie, bei **John Locke** (1632–1704) (s. S. 35) und **David Hume** (1711–1776) (s. S. 24) war man sich einig darüber, dass Wohlwollen gegenüber anderen Menschen ein ursprünglicher Teil der menschlichen Natur sei. Der einflussreichste Vertreter eines positiven Menschenbildes war jedoch der aus der Schweiz stammende **Jean-Jacques Rousseau** (1712–1778) (s. S. 32). Rousseaus Wahlspruch lautete: „Zurück zur Natur!" Der Naturzustand des Menschen war für ihn eine Art unverdorbenes Paradies. Nur durch die Gesellschaft und die Übel der Zivilisation komme der Mensch mit dem Bösen in Kontakt. Sowohl John Lockes *Gedanken über die Erziehung* (1693) als auch Rousseaus Erziehungsroman *Emile* (1762) haben die moderne europäische Pädagogik mitbegründet. Beide fordern vom Erzieher, ein gutes Beispiel vorzuleben und die natürlichen Anlagen des Kindes zu entwickeln.

Wesentlich skeptischer gegenüber der Natur des Menschen war **Voltaire** (1694–1778) (s. S. 31). In seinem Roman *Candide* (1759) macht der naive und gutgläubige Held eine schlechte Erfahrung nach der anderen. Voltaire glaubte, dass es der Fortschritt der Zivilisation ist, der den Menschen vor dem Rückfall in die Barbarei bewahrt. Rousseau warf er vor, den Menschen zurück in die Wälder schicken zu wollen. Auch **Immanuel Kant** (1724–1804) (s. S. 24 ff.) hielt das Böse für einen ursprünglichen Teil der menschlichen Natur. Voltaire und Kant legten den Akzent mehr auf die Vernunft als auf die Natur. Vernunft war auch die Grundlage von Kants neuer Moralphilosophie. Moralisches Handeln dient nach Kant nicht dem Glück, sondern ist Ausdruck der Mündigkeit, der **Autonomie** und einer vernunftgemäßen Einstellung. In seiner Schrift *Grundlegung der Metaphysik der Sitten* (1785) fordert er, jeder solle seine Handlungen danach prüfen, ob sie auch vor einem allgemeinen, für alle geltenden Gesetz bestehen können. Als Maßstab und Prüfstein stellt er den so genannten **kategorischen Imperativ** (s. S. 27) auf.

Weniger das moralische Verhalten als vielmehr die Wissenserziehung, die Bildung, stand im Mittelpunkt der Bemühungen von **Denis Diderot** (1713–1784). Zusammen mit Freunden gab er ein völlig neues, umfassendes Lexikon heraus, die *Enzyklopädie* (1751–1780). Die *Enzyklopädie* war Teil des Kampfes der Aufklärer gegen Vorurteile und Aberglauben. Durch ein Wissen, das sich ganz auf Vernunft und Erfahrung stützt, sollte der Mensch in die Lage versetzt werden, eigenständige Urteile abzugeben und sich von Autoritäten zu befreien.

Diesem Kampf entsprach auch die Forderung nach religiöser Toleranz, eine in der damaligen Zeit keineswegs selbstverständliche Forderung. Unterdrückung religiöser Minderheiten war im 18. Jahrhundert noch an der Tagesordnung. Die meisten Aufklärer waren Anhänger der Vernunftreligion des Deismus. Die Unterschiede zwischen den verschiedenen christlichen Konfessionen und auch zu anderen Religionen wie Judentum und Islam sahen sie als künstlich an. Für freie Religionsausübung plädierten z. B. Lockes *Briefe über die Toleranz* (1689) und Voltaires *Abhandlung über die Toleranz* (1763). Diese Toleranz bezog sich auch auf nicht-europäische Kulturen. Die Aufklärer waren die ersten, die von einem Weltbürgertum sprachen und die europäisch-christliche Kultur nicht mehr als den Nabel der Welt betrachteten.

Die Zukunft sahen die meisten Aufklärer rosig. Der bis heute noch einflussreiche Glaube an den Fortschritt, an die positiven Folgen von Ökonomie, Wissenschaft und Technik für die Entwicklung von Humanität, Freiheit und Gerechtigkeit, stammt aus der Aufklärung. Rousseau sprach von der „Perfektibilität" des Menschen, von seiner Anlage zur Vervollkommnung. Nicht zufällig liegt in der Aufklärung die Geburt der modernen Geschichtsphilosophie, die Geschichte als eine stetige, gesetzmäßig sich vollziehende Entwicklung zum Fortschritt begreift. **Gotthold Ephraim Lessing** (1729–1781) entwickelte in seiner Schrift *Die Erziehung des Menschengeschlechts* (1780) ein Stufenmodell der Geschichte mit dem Ziel einer alle Menschen vereinigenden Vernunftreligion. An die Durchsetzung der Vernunft in der Geschichte glaubten auch Voltaire in seinem *Versuch über die Weltgeschichte* (1756) und Kant in seiner kleinen Schrift *Idee zu einer allgemeinen Geschichte in weltbürgerlicher Absicht* (1784). Einen besonders radikalen Fortschrittsglauben äußerte der **Marquis de Condorcet** (1743–1794) in seinem Buch *Entwurf einer historischen Darstellung des menschlichen Geistes* (1795). Condorcet glaubte fest an ein Fortschrittsgesetz, an dessen Ende der geistig, moralisch und physisch perfekte Mensch steht.

Die spitze Zunge der Aufklärung

Voltaire war der Medienstar der Aufklärung, er war derjenige, der die Öffentlichkeit durch sein Auftreten und seine Schriften polarisierte. Er begründete einen Philosophentyp, der vor allem in Frankreich Schule machte: den in Öffentlichkeit und Politik engagierten Philosophen, der sich nicht in die Gelehrtenstube zurückzieht, sondern sich einmischt.

Geboren 1694 unter dem Namen Francois Arouet in Paris, hat er noch die Herrschaft des Sonnenkönigs Ludwig XIV. erlebt. Erzogen wurde er in einem Jesuitenkolleg. Beide, absolutistischer Staat und katholische Kirche, wurden seine lebenslangen Herzensfeinde. Seine gegen die Kirche gerichtete Forderung *„Écrasez l'infâme"!* (Zermalmt die Schamlose!) wurde zum Schlachtruf der antiklerikalen Aufklärer. Dennoch war Voltaire kein Atheist, sondern ein Deist, d. h., er glaubte an einen unpersönlichen Weltenschöpfer, der die Welt nach ihrer Entstehung unbehelligt lässt. Seine spitze Zunge war legendär und machte ihm viele Feinde.

Einerseits trat er unerschrocken gegen den Missbrauch politischer Macht, gegen soziale Ungerechtigkeit und für **Freiheit** und **Toleranz** ein. Dafür nahm er mehrere Jahre Exil, Gefängnisstrafen und Verbannung in Kauf. Andererseits liebte er das süße Leben, Geld, schöne Frauen und den Umgang in adligen Salons. Dass er der Sohn eines bürgerlichen Notars war, gefiel ihm nicht. Es war schlecht für sein Image. Mit dem Pseudonym „Monsieur de Voltaire" verpasste er sich selbst ein Adelsprädikat. Mit Friedrich II. von Preußen, der die Aufklärung förderte und an dessen Hof in Potsdam er sich mehr als zwei Jahre aufhielt, verkrachte er sich, nachdem er sich auf zwielichtige Geld- und Brillantengeschäfte eingelassen hatte.

Seine Werke umfassen Romane, Dramen, historische Abhandlungen, Pamphlete, Gedichte, Lexikonartikel und philosophische Essays. Die in seinem Englandaufenthalt (1726–29) gemachten Erfahrungen verarbeitete er in seinen *Briefen über die englische Nation* (1734), in denen er die Franzosen mit der in England entstandenen empirischen Wissenschaft, mit der religiösen Toleranz und mit den dort herrschenden politischen Freiheiten vertraut machte. Das verheerende Erdbeben in Lissabon 1755 veranlasste ihn zu der Satire *Candide* (1759), in der er sich über die These Leibniz' lustig machte, die bestehende Welt sei „die beste aller möglichen Welten". Auch für den Naturkult Rousseaus hatte er nur Spott übrig. Voltaire starb 1788, kurz vor Ausbruch der Französischen Revolution. Die revolutionäre Nationalversammlung ehrte ihn nachträglich, indem sie seine Leiche 1791 ins Pantheon überführen ließ.

Jean-Jacques Rousseau (1712–1778) ———————
Randgänger der Aufklärung und Apostel der Natürlichkeit

Er war ein Zeitgenosse der Aufklärer und einige von ihnen zählten zu seinen besten Freunden. Im Zeitalter der Aufklärung hatte er ungeheuren Einfluss, doch er war ein Randgänger und gehörte nicht eigentlich dazu. Er war kein Optimist und glaubte nicht an die Segnungen der Zivilisation. Er predigte **Einfachheit** und **Natürlichkeit**, doch war er selbst ein äußerst schwieriger und komplizierter Mensch. Er entwarf eine neue Erziehungstheorie, doch steckte er seine eigenen Kinder in ein Findelhaus. Er fühlte sich verfolgt und einsam, doch kaum ein Philosoph des 18. Jahrhunderts hatte einen derartig großen Einfluss auf die Geistesgeschichte wie Jean-Jacques Rousseau. Wie sein großer Gegenspieler **Voltaire**, so fand auch Rousseau im berühmten Pariser Pantheon seine letzte Ruhestätte. Rousseau steckt voller Widersprüche.

Er war ein Kind kleiner Leute und stammte aus Genf, der Stadt der Calvinisten, der strengen tugendgläubigen Protestanten. Auch Rousseau selbst blieb ein strenger Tugendprediger, allerdings einer neuen Natur- und Vernunftreligion. Als er 1749 seinen Freund **Denis Diderot** (s. S. 29) im Gefängnis von Vincennes besuchte, entdeckte er eine Ausschreibung der Akademie von Dijon und schrieb seine berühmte *Rede über die Wissenschaft und Künste* (1750). Hier stellte er seine folgenreiche These auf, dass die Zivilisation an allen Lastern des Menschen schuld sei, während die Tugend im Zustand der Natürlichkeit zu finden sei. Seine Losung lautete: „**Zurück zur Natur!**" Mit diesem Schlagwort setzte er einen Kult der Natürlichkeit und Empfindsamkeit in Gang, der schließlich in der **Romantik** die Aufklärung ablöste. Fast alle seine Schriften wurden Bestseller, so sein Briefroman *Die Neue Heloise* (1761), seine politische Schrift *Über den Gesellschaftsvertrag* (1762), der Erziehungsroman *Emile* (1762) und seine autobiographischen *Bekenntnisse* (1782). Ihre Wirkung beschränkt sich nicht auf die Aufklärung und die Romantik. Rousseau ist es zu verdanken, dass die Europäer die Natur wiederentdeckten und dass **Natürlichkeit** ein positiver Wertbegriff wurde. Auch noch in der ökologischen Bewegung des späten 20. Jahrhunderts ist sein Einfluss erkennbar.

In der Aufklärung wurden die theoretischen Grundlagen unserer heutigen Demokratie gelegt. Bis weit in die Neuzeit hinein war es für die Menschen ein selbstverständlicher Gedanke, dass die Herrschaft einer kleinen adligen Schicht mit dem König an der Spitze die natürliche, und, wie häufig gesagt wurde, „gottgegebene" Herrschaftsform ist. Doch mit der Spaltung des Christentums durch die Reformation im 16. Jahrhundert begann eine heftige Diskussion darüber, welche Art von Herrschaft denn von Gott abgesegnet ist und welche nicht. Spätestens seit dem 17. Jahrhundert äußerten auch immer mehr Philosophen die Ansicht, dass der *Staat* überhaupt kein göttliches Werk, sondern ein Werk von Menschen sei, für den es auch eine weltliche Rechtfertigung geben müsse. Es waren diese Philosophen, die die politische Philosophie der Aufklärung vorbereiteten. Eine besondere Rolle spielt dabei der Engländer **Thomas Hobbes** (1588–1679). Mitten in einer Zeit religiös motivierter Bürgerkriege, in der das Bedürfnis nach Frieden und einem starken Staat vorherrschend war, stellte er folgende Grundsätze auf: Ein Staat erhält dadurch seine Rechtfertigung, dass alle Bürger auf der Grundlage gleicher Rechte und Pflichten einen Vertrag abschließen und sich einer gemeinsam anerkannten Staatsgewalt unterwerfen. Dieser Staatsgewalt treten sie ihre „natürlichen" Freiheiten ab und erhalten dafür Schutz und Rechtssicherheit. In Anlehnung an das biblische Ungeheuer nannte Hobbes seinen starken, mit absoluter Gewalt herrschenden Staat *Leviathan* (1651), was zugleich der Titel seines Hauptwerks war.

Damit wurde Hobbes zum Begründer der einflussreichsten politischen Theorie der Aufklärung, der so genannten *Vertragstheorie*. Diese Theorie, nach der die Menschen aus einem Naturzustand durch einen **Gesellschaftsvertrag** in eine staatliche geordnete Gemeinschaft übergehen, wurde z. B. von **John Locke** (1632–1704) (s. S. 35), **Jean-Jacques**

Rousseau (1712–1778) (s. S. 32) und **Immanuel Kant** (1724–1804) (s. S. 24 ff.) übernommen. Im Unterschied zu Hobbes jedoch benutzte Locke die Vertragstheorie dazu, dem *Absolutismus* die Legitimation zu entziehen und die unveräußerlichen Freiheitsrechte der Bürger zu betonen. In seinen einflussreichen *Zwei Abhandlungen über die Regierung* (1690) betont Locke, dass der Gesellschaftsvertrag nicht bedeutet, dass die Bürger alle Rechte und Freiheiten an den Staat abgeben, sondern dass im Gegenteil der Staat zum Schutz des Eigentums und der Freiheit der Bürger verpflichtet ist. Nach Locke ist der Bürger nicht für den Staat, sondern der Staat für den Bürger da. Erfüllt der Staat diese Pflicht nicht, hat der Bürger ein *Widerstandsrecht*. Damit unterstützte Locke die „Glorreiche Revolution" in England 1688, durch die die absolute Monarchie durch eine konstitutionelle Monarchie abgelöst wurde. Er wurde damit aber auch zum Vorläufer des modernen *Liberalismus* (s. S. 48 u. 50), dessen Auffassung vom Verhältnis zwischen Bürger und Staat alle demokratischen Verfassungen der westlichen Welt beeinflusst hat, angefangen bei der amerikanischen Verfassung aus dem Jahre 1776.

Locke war auch der erste, der eine Teilung der Staatsgewalt in Exekutive (Regierungsgewalt) und Legislative (gesetzgebende Gewalt = Parlament) forderte. Ergänzend dazu hat ein Anhänger Lockes, der französische **Baron de Montesquieu** (1689–1755), in seinem Werk *Vom Geist der Gesetze* (1748) auch noch eine davon getrennte Judikative (Rechtsprechung) verlangt. Diese Locke-Montesquieu'sche **Theorie der Gewaltenteilung** zwischen ausführender, gesetzgebender und rechtsprechender Gewalt wird bis heute als ein entscheidendes Merkmal eines „Rechtsstaats" angesehen. Sie war im 18. Jahrhundert revolutionär und ist auch heute nicht selbstverständlich, was man an der Häufigkeit ablesen kann, mit der die Rechtsprechung unter politischen Druck gesetzt wird.

Auch Jean-Jacques Rousseau war ein Kritiker des Absolutismus. Sein berühmter Traktat *Vom Gesellschaftsvertrag*

(1754) beginnt mit dem Satz: „Der Mensch ist frei, aber überall liegt er in Ketten." Rousseau war noch radikaler als Locke und Montesquieu in seiner Forderung, alle Standesschranken abzuschaffen. Aber er forderte auch, dass sich die Bürger unter einen „Allgemeinwillen" (*volonté generale*), einen kollektiven Überwillen, der das Gemeinwohl repräsentiert, unterordnen sollen. Da dieser Allgemeinwille den Willen jedes einzelnen Bürgers angeblich in sich enthielt, war ein Widerstandsrecht oder Ungehorsam gegen den Staat ausgeschlossen. Dadurch bekam Rousseaus Theorie wiederum einen ausgesprochen autoritären und sogar totalitären Zug. Als die Jakobiner während der Französischen Revolution dazu übergingen, Bürger im Interesse des „Gemeinwohls" hinzurichten, beriefen sie sich nicht ganz unberechtigt auf Rousseau.

Auch der preußische Untertan Immanuel Kant hatte ein eher vorsichtiges Verhältnis zum Widerstandsrecht des Bürgers gegen den Staat. Kants Haltung dazu war: Im Prinzip ja, in der Praxis eher nein. Nur im absoluten Notfall durfte sich nach Kant der Bürger gegen den Staat wehren.

Mit einer anderen Schrift allerdings, mit der kleinen Abhandlung *Zum Ewigen Frieden* (1795), leistete Kant einen eigenständigen und zukunftsweisenden Beitrag zur politischen Philosophie der Aufklärung. Darin fordert er einen Zusammenschluss aller Staaten zu einem Weltstaatenbund auf der Grundlage einer internationalen Rechtsordnung. Erst im 20. Jahrhundert hat man, und zwar mit dem Völkerbund und der UNO, damit begonnen, Kants Idee zu verwirklichen.

Kurzporträt ───────────────── **John Locke** (1632–1704)
Der Urliberale

Vieles spricht dafür, John Locke als den ersten großen Aufklärungsphilosophen zu bezeichnen. Er wurde zum Begründer und Anreger zweier wichtiger philosophischer Traditionen: des Empirismus, der der Erfahrungserkenntnis Vorrang vor der Vernunfterkenntnis gab (s. S. 20 ff.) und dem liberalen politischen Denken

(s. S. 34, 48 u. 50), das vom Staat verlangt, die Grundfreiheiten des Bürgers zu schützen. Zu diesen Positionen gelangte Locke weniger durch Spekulation als durch Anschauung. Er war noch Zeuge eines Jahrhunderts, das von Religionsstreitigkeiten, Bürgerkriegen, Zensur und Unterdrückung geprägt war. Als der englische König Charles I. von den Puritanern Cromwells hingerichtet wurde, war Locke 17 Jahre alt.

Locke war ein Verfechter einer aufgeklärten Monarchie, die sich dem Parlament zu verantworten hatte. Als seine Ziele mit der „Glorreichen Revolution" von 1688 verwirklicht wurden, konnte er nach England zurückkehren und seine Schriften dort erscheinen lassen. Seine *Zwei Abhandlungen über die Regierung* (1689) legten den Grundstein für die politische Philosophie der Aufklärung und brachten überall in Westeuropa die Diskussion um den **Verfassungsstaat** und die Beschränkung der absoluten Monarchie in Gang. Auch war Locke der erste, der die Rolle der Arbeit und den Schutz des vom Bürger durch Arbeit erworbenen Eigentums verlangte. Sein erkenntnistheoretisches Hauptwerk, der *Versuch über den menschlichen Verstand* (1689) ist unter den großen Werken der Philosophie eines der verständlichsten und am besten lesbaren. Seine Forderung nach Toleranz zwischen den Religionen war für die damalige Zeit revolutionär.

Auf der von ihm selbst verfassten Grabinschrift steht: „Hier liegt John Locke. Wenn du fragst, was für ein Mann er war, so antwortet er: einer, der mit seinem bescheidenen Los zufrieden lebte." Wir können dies heute als typisch britisches Understatement betrachten.

Die Meisterdenker und das Absolute

Die Philosophie des deutschen Idealismus

Einleitung

Im Zeitalter der Romantik (ca. 1770 und 1830), wird Deutschland zum Mittelpunkt der europäischen Philosophie. Im Unterschied zu den meisten Philosophen der Aufklärung waren die Philosophen des *deutschen Idealismus* (s. S. 38) reine Akademiker. Ihre „Professorenphilosophie der Philosophieprofessoren", wie Arthur Schopenhauer (s. Kapitel „Eine neue Welt- und Menschensicht, S. 56 ff.) spottete, äußerte sich in einer sehr schwierigen komplizierten Sprache, die nur noch von Fachleuten verstanden wurde. Ein Mittelpunkt dieser neuen philosophischen Bewegung wurde die erst 1810 gegründete Berliner Universität, an der sowohl **Johann Gottlieb Fichte** als auch **Friedrich Wilhelm Joseph Schelling** (s. S. 40) und **Georg Wilhelm Friedrich Hegel** (s. S. 41), die drei Hauptvertreter des Deutschen Idealismus, zeitweise lehrten.

Von der Aufklärung übernahmen die Philosophen des deutschen Idealismus den Glauben an die Kraft der Vernunft. Sie verbanden dies mit der Überzeugung, dass das Grundprinzip der Welt, die wahre Wirklichkeit, nur im Geist gefunden werden könne. Als ihren philosophischen Stammvater sahen sie **Immanuel Kant** (s. S. 24 ff.) an. Mit ihm teilten sie den Anspruch, die Philosophie „wissenschaftlich" zu machen, d. h. die Grundlagen unseres gesamten Wissens und Erkennens in einem umfassenden System darzulegen. Doch Kant hatte zwischen der Welt der empirischen Erfahrung und der Welt der reinen Spekulation einen dicken Grenzstrich gezogen. Dieser Grenzstrich existierte für die Vertreter des deutschen Idealismus nicht mehr. Sie waren nämlich stark von der Theologie beeinflusst und suchten nach einem absoluten Prinzip der Wirklichkeitserklärung, einem Vernunftprinzip, das an die Stelle Gottes treten sollte. Nicht zufällig waren zwei der wichtigsten Denker des deutschen Idealismus, Schelling und Hegel, Zöglinge des Tübinger Stifts, einer Ausbildungsstätte für protestantische Theologen. Worin das Absolute aber genau besteht, darüber gab es auch unter den deutschen Idealisten selbst verschiedene Ansichten. (s. S. 39)

Doch die Meisterdenker und ihre Suche nach dem Absoluten provozierten auch Widerspruch. Der Däne **Sören Kierkegaard** (s. S. 43) kritisierte, dass hinter den großartigen Systemkonstruktionen die konkrete Existenz (s. S. 44) des Einzelnen, um die es in der Philosophie gehen müsse, völlig verschwinde.

PHILOSOPHISCHES STICHWORT
Deutscher Idealismus

1797 brüteten drei Studenten, der spätere Dichter Friedrich Hölderlin, Friedrich Wilhelm Joseph Schelling (s. S. 40) und Georg Wilhelm Friedrich Hegel (s. S. 41) im Tübinger Stift das *Systemfragment des deutschen Idealismus* aus, eine Art philosophischer Programmschrift in Skizzenform. Der Name „deutscher Idealismus" wurde zur Kennzeichnung der einflussreichsten philosophischen Strömung des frühen 19. Jahrhunderts. Gemeinsam ist ihr der optimistische Glaube an ein grundlegendes geistiges Vernunftprinzip, das **Absolute**, aus dem die gesamte Wirklichkeit in einem philosophischen Systementwurf erklärt werden kann.

Die Philosophen des *deutschen Idealismus*, Fichte, Schelling (s. S. 40) und Hegel (s. S. 41), nahmen an, dass Mensch und Welt durch eine gemeinsame „Wellenlänge" miteinander verbunden sind. Diese Gemeinsamkeit ist die Vernunft. Der Mensch hat die Fähigkeit zur Vernunfterkenntnis, und die Welt selbst hat eine vernünftige Struktur. Daher gibt es eine zunächst verdeckte Korrespondenz zwischen Subjekt und Objekt, zwischen Ich und Welt, zwischen Natur und Geist. Im philosophischen Wissen, der höchsten Form des Wissens und der „Wissenschaft", enthüllt sich uns diese Vernunftstruktur. Sie ist das eigentlich „Wirkliche" an der Wirklichkeit. Der Mensch verwirklicht sich als philosophierender Mensch, der sich als Teil einer allgemein waltenden Weltvernunft, des **Absoluten**, begreift.

Doch die Theorie vom Absoluten erlebte mehrere Veränderungen, was auch zu Zerwürfnissen zwischen den einzelnen Philosophen führte. Fichte trat mit dem Anspruch an, Kants Philosophie konsequent zu Ende zu denken, wogegen Kant sich verwahrte. Schelling begann als Anhänger Fichtes, löste sich aber dann von ihm. Hegel und Schelling betrachteten sich zunächst als philosophische Verbündete, bis auch sie getrennte Wege gingen.

Johann Gottlieb Fichte (1762–1814) übernahm von Immanuel Kant (s. Kapitel „Philosophie der frühen Neuzeit …") die Idee, dass das Prinzip der Wirklichkeitserkenntnis im Menschen selbst, im Subjekt als eine Art „Erkenntnisprogramm" angelegt ist. Für Kant war diese „Programmierung" des Menschen eine Beschränkung, eine Grenze, die er mit seiner Philosophie aufzeigen wollte. Die „wahre" Welt, das „Ding an sich", war für Kant unerkennbar. Fichte dagegen glaubte, dass gerade im **„Ich"** das gesuchte Vernunftprinzip, die Grundlage einer abschließenden philosophischen Erkenntnis, liegt. Vom Urbewusstsein des „Ich" ausgehend, erschließt sich nach Fichte für den Menschen die wahre Struktur der Welt.

Schelling (1775–1854) sah sich zunächst als Schüler Fichtes und sprach ebenfalls vom „absoluten Ich" als dem Prinzip aller Wirklichkeit. Doch im Verlauf seiner Entwicklung entfernte er sich von einem „subjektiven" zu einem „objektiven" Idealismus. Er definierte nun das Absolute als ein in der Natur und in der Kultur wirkendes Prinzip, als eine Art ewigen Atem, der die Welt durchströmt und sich in verschiedenen Stufen und Gestaltungen manifestiert.

Hegel greift Schellings Gedanken auf, dass das Absolute sich stufenweise in der Welt entfaltet. Doch er verknüpft diesen Gedanken mit der Idee der Geschichte, der historischen Entwicklung. Das Absolute als Weltvernunft ist in der Welt angelegt und entfaltet sich, von den frühen Kulturen bis zur Gegenwart, nach dem Gesetz der *Dialektik* (s. S. 42 f.), bis sich die Geschichte erfüllt und gleichzeitig der Mensch einen geistigen Stand erreicht hat, wo ihm mit Hilfe der Philosophie diese Vernunft offenbar wird. Dieses Stadium nennt **Hegel** (1770–1831) das absolute Wissen und es schien ihm mit seiner eigenen Philosophie erreicht zu sein. **Kierkegaard** (1813–1855) (s. S. 43) hält einen rein theoretischen Zugang zur Wirklichkeit für einen Irrweg. Gott als das Absolute ist für ihn nur durch die Entscheidung für ein religiöses Leben erreichbar. Für ihn ist nur die Wirklichkeit interessant, die der konkrete Einzelne in seiner Existenz „verwirklicht".

Friedrich Wilhelm Joseph Schelling ——— *Kurzporträt*
(1775–1854)
Senkrechtstarter und junges Genie

Nur mit einer Sondergenehmigung konnte er bereits im Alter von 15 Jahren sein Studium am berühmten Tübinger Stift beginnen. Und mit 23 Jahren erhielt der Sohn eines württembergischen Pfarrers auf Vermittlung Goethes schon eine Professur in Jena. Der hochbegabte junge Schelling ging wie ein Stern in der Philosophieszene des 19. Jahrhunderts auf. Doch im reiferen Mannesalter wurde sein Ruhm von dem Hegels (s. S. 41) überschattet, des ehemaligen Freundes aus der Tübinger Zeit, mit dem er sich später entzweite. Ironischerweise wurde Schelling, der Frühstarter, nach Hegels Tod auf dessen Berliner Lehrstuhl berufen. Doch da war er für die Studenten bereits ein lebendes Fossil aus einer anderen Zeit.

Für die deutschen Schriftsteller der **Romantik** war Schelling der wichtigste Philosoph. Autoren wie Novalis und Friedrich Schlegel zählten zu seinem persönlichen Umkreis. Caroline Schlegel, eine der brillantesten Frauen der deutschen Romantik, wurde seine Frau. Mit seiner Ansicht, dass die Natur keine tote Materie, sondern ein von geistigen und schöpferischen Kräften beseelter Lebensraum ist, gab Schelling der romantischen Weltsicht eine philosophische Begründung.

Für Schellings „objektiven Idealismus" äußert sich das **Absolute** in der Entwicklung der Natur ebenso wie in der Entwicklung der geistigen Welt. Da Natur und Geist demselben geistigen Prinzip unterliegen, d. h. „in Wirklichkeit" identisch sind, hat man Schellings Philosophie auch als Identitätsphilosophie bezeichnet. In seiner Spätphilosophie wandte sich Schelling religiösen und mystischen Gedanken zu. Nun erkannte er auch an, dass neben der Vernunft auch das Böse und Irrationale in der Welt wirkt, ein Gedanke, der über den **deutschen Idealismus** (s. S. 38) hinausführt und z. B. bei **Arthur Schopenhauer** (s. Kapitel „Eine neue Welt- und Menschensicht", S. 56 ff.) einflussreich wird.

(s. S. 38) (s. Kapitel „Eine neue Welt- und Menschensicht", S. 56 ff.)

Kurzporträt ——— **Georg Wilhelm Friedrich Hegel** (1770–1831)
Der „Professor der Professoren"

An seinem Lebensende überstieg sein Ruhm und sein Einfluss auf die Philosophie die aller anderen Philosophen seiner Zeit. Als „Professor der Professoren" hatte er eine herausragende Stellung an der Berliner Universität und galt vielen als preußischer Staatsphilosoph. Sein imposantes System war die verbreitetste philosophische Mode unter den Akademikern des frühen 19. Jahrhunderts. Hegel ist bis heute der einflussreichste Vertreter des *deutschen Idealismus* (s. S. 38) geblieben.

Im Gegensatz zu seinen Jugendfreunden Friedrich Hölderlin und Friedrich Wilhelm Joseph Schelling (s. S. 40) galt der Schwabe Hegel am Tübinger Stift als Langsamstarter und sein studentischer Ruf war nicht der be-

41

ste. Er wurde häufig in Weinstuben gesehen und seine Lehrer tadelten ihn wegen seines schlechten unverständlichen Stils. Auch für seine akademische Karriere benötigte er eine lange Anlaufzeit. Erst im Jahre 1816 erhielt er seine erste reguläre Professur in Heidelberg. Zwei Jahre später erklomm er den Gipfel und wurde Nachfolger Fichtes in Berlin. Die reaktionäre preußische Regierung hatte ihn berufen mit der Erwartung, dass Hegels philosophische Autorität ein Gegengewicht zu den revolutionären und demokratischen Umtrieben der Studenten werde.

Ob Hegel sich diesen Erwartungen nur äußerlich oder auch in seinen Überzeugungen anpasste, ist bis heute umstritten. Jedenfalls prägte er in seinem Spätwerk, den *Grundlinien der Philosophie des Rechts* (1821) den berühmten Satz: „Was vernünftig ist, das ist wirklich; und was wirklich ist, das ist vernünftig." Er kann als eine Zusammenfassung des gesamten hegelschen Systems gelesen werden, das in Abgrenzung zu Fichte und Schelling auch als „absoluter Idealismus" bezeichnet wird. Die Geschichte der Menschheit ist nach Hegel eine stufenweise Entfaltung der menschlichen Vernunft, an deren Ende das absolute Wissen und die Vollendung der Philosophie steht. Dieser Fortschrittsprozess erfolgt durch das ständige Überwinden von Konflikten und Widersprüchen auf einer nächsthöheren Ebene, nach dem Gesetz der **Dialektik** (s. unten). Der Philosoph, so erläutert er in seiner *Phänomenologie des Geistes* (1807), muss diesen Prozess in seinem Denken durch alle Stufen hindurch nachvollziehen. Auf die politische Entwicklung übertragen heißt dies, in Hegels Worten: „Die Weltgeschichte ist der Fortschritt im Bewusstsein der Freiheit." Im modernen Staat ist nach Hegel diese Freiheit verwirklicht. Ist hiermit der preußische Staat gemeint, in dem Hegel lebte? Schon die Zeitgenossen haben auf diese Frage unterschiedliche Antworten gegeben. In jedem Fall glaubte Hegel, dass der Fortschritt der Menschheit unaufhaltsam sei und das Individuum sich und sein Handeln als Teil einer allgemein herrschenden **Weltvernunft** begreifen muss.

PHILOSOPHISCHES STICHWORT
Dialektik

Der Begriff „Dialektik" hat in der Philosophie eine lange Geschichte, doch seine einflussreichste Definition erfuhr er durch Georg Wilhelm Friedrich Hegel (s. S. 41). Danach bezeichnet die Dialektik sowohl die richtige philosophische Art des Denkens als auch das Gesetz, nach dem sich die gesamte Kultur der Menschheit entwickelt. Eine „dialektische" Entwicklung besteht darin, dass sich einer bestimmten Position oder These eine Gegenposition oder Antithese entgegenstellt. Dieser Gegensatz wird durch eine Synthese „aufgehoben", in der die nicht bewahrenswerten Seiten beider gegensätzlicher Positionen ausgeschieden werden, während sich die bewahrenswerten Seiten zu einer neuen höheren Form ergänzen und verbinden. Diese neue, höhere Stufe der Entwicklung ist zugleich eine neue Position, zu der sich wiederum eine Gegenposition bildet, so dass der dialektische Prozess sich fortsetzt. In der dialektischen Entwicklung werden also Teilerkenntnisse und Teilwahrheiten im Verlauf eines Erkenntnisfortschritts zugunsten „besserer" und tragfähigerer Erkenntnisse aufgegeben. Der *Marxismus* (s. Kapitel „Freiheit und soziale Gerechtigkeit im 19. Jahrhundert", S. 45) hat als **dialektischer Materialismus** die Dialektik als Entwicklungsgesetz auf die materiellen und ökonomischen Bedingungen der Gesellschaft übertragen.

Kurzporträt ———————— **Sören Kierkegaard** (1813–1855)
Zwischenruf eines Sonderlings

Ein glücklicher Mensch war Sören Kierkegaard vermutlich nicht. Vom Vater hatte er eine notorische Schwermut geerbt und die Liebe seines Lebens, Regine Olson, gab er freiwillig auf, weil er sich der Ehe nicht gewachsen fühlte. Der Junggeselle mit dem schiefen Gang, der nie ein kirchliches oder sonstiges Amt annahm, war in den Straßen Kopenhagens zeitlebens eine sonderbare, aber bekannte Erscheinung.

Sören Kierkegaard war ein philosophisch geschulter Theologe, aber ein höchst ungewöhnlicher. Denn im Grunde lehnte er abstrakte, begriffliche Deutungen der menschlichen Existenz ab. Sein philosophischer Hauptgegner war Hegel (s. S. 41), für den in seinen Augen das Individuum nichts weiter als eine Kategorie im großen System der Weltvernunft war. Auch Schelling schien ihm nicht zur eigentlichen Sache zu kommen. Als er im Wintersemester 1841/42 Schellings (s. S. 40) Vorlesungen in Berlin hörte, schrieb er nach Hause: „Schelling schwätzt ganz unerträglich." Für Kierkegaard konnte die Philosophie, wenn überhaupt, den Menschen nur indirekt zu den Problemen der eigenen **Existenz** (s. unten) führen. Deshalb benutzte er in seinen Schriften Pseudonyme, um zu zeigen, dass er als Philosoph immer nur eine Rolle spiele. Sein Vorbild war der griechische Philosoph Sokrates (s. S. 8), der auf den Straßen Athens die Menschen mit seinen philosophischen Fragen in Verwirrung stürzte. So verwickelte auch Kierkegaard die Kopenhagener Bürger in Gespräche, um sie aus der Routine ihres Lebens aufzurütteln. Denn der Ernst des Lebens war für Kierkegaard das Leben und nicht die Philosophie. Wenn es um den „Einzelnen" und seine konkreten Lebensentscheidungen und Selbstverwirklichung ging, half nicht mehr das Denken, sondern nur noch das „Entweder-Oder", der „Sprung" der Entscheidung.

PHILOSOPHISCHES STICHWORT
Existenz

„Existenz" ist ein Schlüsselbegriff in der Philosophie Sören Kierkegaards (s. S. 43) und wurde, durch seine Schriften vermittelt, als solcher auch von der Existenzphilosophie des 20. Jahrhunderts (s. Kapitel „Frischer Wind in die Metaphysik …", S. 66 ff.) aufgenommen. Im Gegensatz zu den Systemen des *deutschen Idealismus* (s. S. 38) betont Kierkegaard damit, dass im Mittelpunkt der Philosophie nicht die Entwicklung eines abstrakten Weltgeistes, sondern der einzelne konkrete Mensch stehen muss. Doch „Existenz" bedeutet bei Kierkegaard nicht nur einfach konkretes „Dasein", sondern ein dem Menschen bewusst gewordenes Dasein. Nur der Mensch kann „Existenz" haben, denn nur er kann sich für einen Lebensentwurf entscheiden und seinem Leben eine selbst gewählte Richtung und Orientierung geben. Kierkegaard unterschied in seinem Werk *Stadien auf des Lebens Weg* (1845) drei „Stadien der Existenz", also drei Lebensentwürfe: das Leben als Genussmensch, der in den Tag hinein lebt („ästhetisches Stadium"), ein Leben nach moralischen Grundsätzen („ethisches Stadium") und, für den protestantischen Theologen Kierkegaard das höchste Stadium, ein Leben, das sich ganz Gott anvertraut („religiöses Stadium").

Freiheit und soziale Gerechtigkeit im 19. Jahrhundert

Politische Philosophie und Gesellschaftstheorie

Einleitung

Das 19. Jahrhundert ist das Jahrhundert der politischen Ideologien und Gesellschaftstheorien. In dieser Zeit entstanden die Weltanschauungen, die bis heute die philosophische Diskussion über Politik bestimmen: Der *Liberalismus* (s. S. 48), der die freiheitliche Fahne hochhielt, der *Sozialismus* (s. S. 50) mit dem Traum einer Gesellschaft der Gleichheit und Brüderlichkeit, aber auch der moderne *Konservatismus*, der die traditionellen Institutionen und die Eigentumsordnung bewahrt wissen wollte.

Am Anfang und am Ende stehen zwei Revolutionen, die nicht nur die politische Entwicklung in ganz Europa, sondern auch das Denken der Philosophen beeinflusst haben: die Französische Revolution von 1789 und die Russische Revolution von 1917. Dazwischen ereigneten sich mehrere „kleinere" politische Erdbeben. Die meisten davon fanden in Frankreich statt oder gingen von dort aus: die Julirevolution 1830, die Revolution von 1848 und die Pariser Kommune von 1871.

Dies ging einher mit tief greifenden sozialen Umwälzungen infolge der *Industrialisierung*. In Westeuropa loste sich seit dem 17. Jahrhundert zunehmend die im Mittelalter ausgebildete Feudalgesellschaft auf und das Bürgertum wurde zur beherrschenden gesellschaftlichen Kraft. Gleichzeitig entstand die Arbeiterklasse als neue, extrem schnell wachsende soziale Schicht. Ihre elenden Lebensbedingungen u. a. in der zweiten Hälfte des 19. Jahrhunderts stellten an Politik und Philosophie mit großer Dringlichkeit die so genannte **soziale Frage**.

Die in der Aufklärung und vor allem in der Französischen Revolution erhobenen Rufe nach Freiheit und Gleichheit wurden nun zu Schlagworten politischer Massenbewegungen. Im Bürgertum war der Liberalismus mit seiner Forderung nach individueller Freiheit und Handelsfreiheit populär. In der Arbeiterklasse wiederum fiel der Ruf nach Gleichheit im Sinne sozialer Gerechtigkeit und Veränderung der Eigentumsordnung auf fruchtbaren Boden. Hier hatten die Theorien des Sozialismus und Kommunismus ihren sozialen Rückhalt. Stand hinter den Revolutionen von 1789, 1830 und 1848 noch das neue selbstbewusste Bürgertum, so wurde die Pariser Kommune 1871 und die Russische Revolution schon im Namen des „arbeitenden" Volkes, des **Proletariats** durchgeführt.

Auch die neuen politischen Philosophien nahmen von den Staaten Westeuropas ihren Ausgang. Die Ereignisse in Frankreich wurden, z. B. bei **Edmund Burke** oder **Alexis de Tocqueville**, Thema heftiger philosophischer Debatten. Frankreich, das Land der Revolutionen, gab aber auch den Anstoß für den Ruf nach Revolution oder Reform (s. rechts) in anderen europäischen Ländern. Tocqueville wurde zusammen mit dem Engländer **John Stuart Mill** (s. S. 48) zum Begründer des modernen Liberalismus. In England, der ersten konstitutionellen Monarchie und dem ersten industrialisierten Land Europas, entwickelten aber auch **Karl Marx** und **Friedrich Engels** (s. S. 51) ihre Theorie vom „wissenschaftlichen Sozialismus", die **Lenin** zur Rechtfertigung der Russischen Revolution diente.

Wie kann eine gerechte Gesellschaft geschaffen werden? Durch allmähliche, friedliche Reform oder durch einen radikalen Bruch, eine Revolution, eine komplette Neuordnung? Diese alte Frage der politischen Philosophie wurde im späten 18. und im 19. Jahrhundert besonders heftig diskutiert. Natürlich gab es auch Philosophen, die für die Erhaltung der alten Feudalordnung und der absoluten Monarchie eintraten. Zu den bekanntesten zählt der Franzose **Joseph de Maistre** (1753–1821). Doch die wirklich einflussreiche, bis ins 20. Jahrhundert hineinreichende Debatte in der politischen Philosophie des 19. Jahrhunderts beschäftigte sich mit der Frage, mit welchen Mitteln man die Gesellschaft verändern sollte. In den Revolutionen von 1789, 1830 und 1848 kämpften Liberale und Sozialisten noch gemeinsam für Demokratie, eine Verfassung und allgemeines Wahlrecht. Doch im weiteren Verlauf des 19. Jahrhunderts traten Vertreter des **Liberalismus** (s. S. 48 f.) und des gemäßigten **Sozialismus** für eine schrittweise Reform der Gesellschaft auf parlamentarischem Weg ein, während die radikalen Sozialisten, Kommunisten und Anarchisten eine Revolution für unvermeidlich hielten (s. S. 54). Liberale Denker wie Alexis de Tocqueville (1805–1859) und **John Stuart Mill** (s. S. 48) waren selbst als Parlamentarier aktiv und arbeiteten an Reformprojekten mit. Zu den Prinzipien des Liberalismus gehört, dass soziale Reformen sich auf Mehrheitsentscheidungen stützen und das Recht auf Privateigentum achten müssen. **Karl Marx** und **Friedrich Engels** (s. S. 51) dagegen glaubten, dass die Herstellung sozialer Gerechtigkeit nicht möglich sei, solange das kapitalistische Wirtschaftssystem beibehalten wird. Dies ließe sich aber nur durch eine Revolution beseitigen, da eine bürgerliche Demokratie nur eine „formale" Demokratie sei, die in Wahrheit die Klasseninteressen der **Bourgeoisie** verträte. Dieser Gedanke findet sich in noch radikalerer Form bei **Lenin** (1870–1924), der eine bewaffnete proletarische Revolution unter Führung einer straff organisierten kommunistischen Partei als Bedingung für eine wahre, sozialistische Demokratie ansah.

Liberalismus

Der Liberalismus ist als politische Weltanschauung eine Reaktion des aufstrebenden Bürgertums auf die Beschränkungen des feudalen Standesstaates. In diesem hatte jeder Bürger seinen vorherbestimmten Platz. Die Wirtschaft war genauen Zunftregeln unterworfen. Der Liberalismus stützt sich auf die Forderung der Aufklärung nach Achtung der Menschenwürde und unterstützte gleichzeitig den Anspruch auf Privateigentum sowie größere Handels- und Produktionsfreiheit innerhalb einer neuen kapitalistischen Wirtschaftsordnung. „Liberalismus" ist vom lateinischen *libertas* = Freiheit abgeleitet. Freiheit ist in zweierlei Hinsicht der wichtigste Wert des Liberalismus: als politische Freiheit des Bürgers (z. B. im Sinne von Meinungs-, Rede- und Versammlungsfreiheit), aber auch als Freiheit der Wirtschaft vor staatlichen Eingriffen. Der Liberalismus ist misstrauisch gegenüber Machtansprüchen des **Staates**. Im Gegensatz zu allen Spielarten des **Sozialismus** (s. S. 54) steht für ihn nicht die Gesellschaft, sondern das Individuum im Mittelpunkt. In den westlichen Demokratien ist er zur einflussreichsten politischen Theorie geworden.

John Stuart Mill (1806–1873) ———————— *Kurzporträt*
Der Anwalt der Freiheit
Sein Vater, der Historiker James Mill, erzog ihn als Wunderkind. Bereits mit drei Jahren musste er Griechisch lernen, mit acht Jahren Latein. Sein Leben lang litt Mill unter den Folgen einer Erziehung, die einseitig auf die Entwicklung der Verstandeskräfte ausgerichtet war. Andererseits erstaunte er seine Zeitgenossen auch immer

wieder durch seine überragende Bildung. In den verschiedensten Bereichen des Denkens und der Wissenschaft legte er bahnbrechende Werke vor, mehrere wurden in England Klassiker. Der von Jeremy Bentham begründete **Utilitarismus** (s. unten), nach dem moralische Regeln und Gesetze dem Nutzen von Menschen dienen müssen, fand in Mill seinen bedeutendsten Vertreter.

Mill war ein Verehrer Alexis de Tocquevilles, und wie dieser stellte er den Wert der Freiheit in den Mittelpunkt seiner politischen Philosophie. Sein Essay *Über die Freiheit* (1859) setzt sich für das Recht des Individuums ein, sein Leben nach eigenen Vorstellungen zu führen. Der Staat sollte diese Freiheit schützen, aber ansonsten so wenig wie möglich eingreifen. Dies ist bis heute das Credo des *Liberalismus* (s. links) geblieben.

Für Mill hatte dies auch ganz konkrete, lebenspraktische Bedeutung. Er war nicht bereit, sich anzupassen, nur weil die gesellschaftliche Konvention dies verlangte. Sein Verhältnis mit der Frauenrechtlerin Harriet Taylor erzeugte einen öffentlichen Skandal. In *Die Hörigkeit der Frau* (1869) und in seiner Zeit als Unterhausabgeordneter forderte er als einer der ersten Philosophen die Gleichberechtigung der Frau und wurde damit zum Vorkämpfer des **Feminismus**.

Der Utilitarismus (von lat. *utile* = nützlich) ist eine Strömung der politischen Philosophie und der Ethik, die von dem Engländer **Jeremy Bentham** (1748–1832) in der Epoche der Aufklärung begründet wurde. Bentham wollte Staat und Gesellschaft reformieren und legte u. a. sogar Pläne für moderne Gefängnisse vor. Moralisches und politisches Handeln sollte allein danach beurteilt werden, ob es der Gesellschaft Nutzen bringt oder nicht. Ziel eines jeden Handelns muss es nach Bentham sein, „das größtmögliche Glück der größtmöglichen Anzahl von Menschen" zu befördern. Seitdem gibt es unter den Utilitaristen eine Diskussion darüber, wie man dieses Glück definieren könne. Der zweite klassische Vertreter des Utilitarismus, **John Stuart Mill** (1806–1873) (s. S. 48), zählte nicht nur materielle, sondern auch kulturelle und geistige Errungenschaften dazu. Im englischen Sprachraum wurde der Utilitarismus im 20. Jahrhundert zur einflussreichsten Form der Moralphilosophie.

PHILOSOPHISCHE DEBATTE
Sozialismus vs. Liberalismus

Was ist wichtiger: das Wohl des Einzelnen oder das Wohl der Gemeinschaft? Wenn beide miteinander kollidieren, welches hat dann den Vorrang? Oder sind beide untrennbar miteinander verbunden?

Auf diese Fragen haben die beiden einflussreichsten politischen Philosophien des 19. Jahrhunderts, Sozialismus (s. S. 54) und Liberalismus (s. S. 48) unterschiedliche Antworten gegeben.

Der **Liberalismus** gab eher der konkreten **Freiheit** des Bürgers Vorrang, der Sozialismus eher dem Wohl der Gemeinschaft. Dahinter steht eine unterschiedliche Bewertung der Ziele Freiheit, Gleichheit und Brüderlichkeit, wie sie in der Französischen Revolution propagiert worden waren. Unter Gleichheit verstand der Liberalismus die *Gleichheit vor dem Gesetz* und gegebenenfalls Chancengleichheit, nicht aber die materielle Gleichheit der Bürger. Wer aus eigener Leistung wohlhabender wurde als andere, durfte vom *Staat* nicht daran gehindert werden. Freiheit dagegen bedeutete die konkrete Freiheit, die eigene politische Überzeugung öffentlich vertreten und sein Leben eigenständig gestalten zu können. Der Staat sollte sich nicht in die Lebensgestaltung des Einzelnen einmischen. So hat auch Alexis de Tocqueville immer wieder vor einem zu starken Staat gewarnt. Das deutlichste liberale Glaubensbekenntnis des 19. Jahrhunderts ist John Stuart Mills (s. S. 48) Essay *Über die Freiheit* (1859).

Für den **Sozialismus** war die Rechtsgleichheit der Bürger unvollständig, solange sie nicht durch eine materielle Gleichheit abgesichert wurde. Um diese Gleichheit herzustellen, waren dem Staat auch Eingriffe in die individuelle Freiheit erlaubt. Niemand sollte sich auf Kosten anderer bereichern können. Freiheit ohne soziale Gerechtigkeit war nur „formale" Freiheit. Wichtiger als die Freiheit war die Eigentumsfrage: **Soziale Gerechtigkeit** war erst dann hergestellt, wenn das Privateigentum an Produktionsmitteln abgeschafft war. Für das *Kommunistische Manifest* (1848) von Karl Marx und Friedrich Engels (s. S. 53) bedeutete Freiheit daher vor allem „Befreiung" von den kapitalistischen Eigentumsverhältnissen. Der Einzelne war in erster Linie Angehöriger seiner sozialen **Klasse** und vertrat deren Interessen. Für die sozialistische Gesellschaft war deshalb die Verbesserung der Lebensbedingungen der Arbeiterklasse wichtiger als die Interessen einzelner Bürger. Daher war es dem Staat auch erlaubt, Zwangsmittel einzusetzen, wenn der Bürger den Klasseninteressen des Proletariats zuwiderhandelte. Bei Lenin traten die Ansprüche des Individuums ganz gegenüber den Ansprüchen der Kommunistischen Partei, die im Namen der Arbeiterklasse sprach, zurück.

Kurzporträt — **Die philosophischen Väter des Kommunismus:**
Karl Marx (1818–1883)
und Friedrich Engels (1820–1895)

Sie waren die ersten unter den großen europäischen Philosophen, die sich der Sache der arbeitenden und besitzlosen Mehrheit der Bevölkerung annahmen und ihre Philosophie ganz in den Dienst der sozialen Gerechtigkeit stellten. Die beiden „Klassiker" der sozialistischen Arbeiterbewegung stammten selbst aus gutbürgerlichen Verhältnissen: Karl Marx war Sohn eines Trierer Rechtsanwalts, Friedrich Engels ein Unternehmersohn aus Wuppertal mit einer ökonomischen und betriebswirtschaftlichen Ausbildung. Sie lernten sich 1844 in Paris kennen und ergänzten sich fortan in ihrer politischen Arbeit. Was sie verband, war die Anteilnahme an der schlechten sozialen Lage der Arbeiterklasse und die Unterstützung für sozialistische und kommunistische Ideen. Sie teilten nicht nur die politischen und philosophischen Überzeugungen, sondern auch das langjährige englische Exil, nachdem sie wegen revolutionärer Aktivitäten aus Preußen, Belgien und Frankreich ausgewiesen worden waren.

Es war ein Glück für beide, dass Engels' Vater eine Fabrik in Manchester besaß. So konnte Engels seinem chronisch an Geldmangel leidenden Freund immer wieder unter die Arme greifen.

Zusammen entwickelten sie eine Gesellschaftstheorie, die den Anspruch erhob, den Sozialismus auf eine „wissenschaftliche" Grundlage zu stellen und zugleich Anleitung für die politische Praxis zu sein. Inspiriert wurden sie dabei von den jungen Wilden unter den Hegel-Schülern, den so genannten Junghegelianern, mit denen sie in Berlin verkehrt hatten. Den größten Einfluss übte dabei **Ludwig Feuerbach** (1804–1877) aus, der Gott und das Absolute als Produkt des Menschen und nicht den Menschen als Produkt Gottes interpretierte. Marx setzte noch eins drauf: Er wollte den fließenden Übergang vom Denken zum Handeln: „Die Philosophen haben die Welt nur verschieden interpretiert, es kömmt darauf an, sie zu verändern." Das *Kommunistische Manifest* (s. rechts), anlässlich der Revolution von 1848 von Engels und Marx gemeinsam aufgesetzt, sah den Kapitalismus als Endstadium einer geschichtlichen Entwicklung, die durch Klassengegensätze und Ausbeutung gekennzeichnet war. Der Arbeiterklasse sollte die Rolle zufallen, die Gesellschaft endgültig von Klassengegensätzen zu befreien und die klassenlose Gesellschaft des **Kommunismus** zu verwirklichen. Marx und Engels bezeichneten sich als **Materialisten**, d. h. für sie bildeten die materiellen Verhältnisse einer Gesellschaft die Grundlage zu ihrem Verständnis. Dabei trifft man eine kleine, aber feine Unterscheidung: Marx wird als Begründer des **„historischen"** **Materialismus** angesehen, während Engels das von Hegel übernommene Gesetz der **Dialektik** (s. S. 42) auch zur Erklärung der Natur benutzte und deshalb als Vater des „dialektischen" Materialismus gilt, der von Lenin übernommen wurde und als „Diamat" zur Staatsphilosophie der Sowjetunion avancierte.

Marx verbrachte viele Jahre seines Lebens in der Bibliothek des Britischen Museums in London, um ökonomische Theorie zu studieren. Das Ergebnis war sein unvollendetes, dreibändiges Hauptwerk *Das Kapital* (1867–95), in dem er die ökonomische Wirkungsweise der kapitalistischen Gesellschaft analysierte. Marx starb 1883, krank, in Geldnöten und ohne die Revolution erlebt zu haben. Engels überlebte ihn um 12 Jahre. Ihre eigentliche Karriere erlebten sie im 20. Jahrhundert mit der aufstrebenden sozialistischen Arbeiterbewegung, der sie das philosophische Gepäck mitgegeben hatten.

Das *Kommunistische Manifest* (1848)

Unter den wichtigen Schriften der Philosophie nimmt das *Manifest der Kommunistischen Partei*, wie es offiziell heißt, eine Sonderstellung ein: Es ist eine Mischung aus Geschichtsphilosophie, Gesellschaftstheorie und Parteiprogramm. Kein philosophischer Text hat je eine solch große politische Wirkung entfaltet. Die von Karl Marx und Friedrich Engels gemeinsam verfasste Schrift endet mit dem berühmten Aufruf, der zum Schlagwort der gesamten sozialistischen Arbeiterbewegung werden sollte: „Proletarier aller Länder, vereinigt euch!" Die Kommunisten waren zu Beginn des 19. Jahrhunderts eine sehr kleine, politisch unbedeutende Gruppe, die sich aber als Avantgarde einer künftigen proletarischen Revolution sah.

Alle bisherige Geschichte, so eine These des *Manifests*, war eine Geschichte der Klassenkämpfe zwischen Ausbeutern und Ausgebeuteten. Durch die Entwicklung neuer Produktivkräfte kam es jedes Mal zu ökonomischen Krisen, und infolge davon zu politischen Umwälzungen. Die unterdrückte Klasse wurde zur herrschenden Klasse, und eine neue unterdrückte Klasse entstand. Auch die bürgerlichen Revolutionen von 1789 und 1848 hatten daran nichts geändert. Im Zeitalter des **Kapitalismus** des 19. Jahrhunderts heißt die neue Ausbeuterklasse Bourgeoisie, die unterdrückte Klasse ist die für wenig Lohn in Fabriken schuftende Arbeiterklasse, das Proletariat. Marx und Engels glaubten, dass nun die wirtschaftlichen Bedingungen vorhanden wären, Klassenunterschiede ganz abzuschaffen: Mit einer künftigen proletarischen Revolution werde zum ersten Mal eine klassenlose, kommunistische Gesellschaft errichtet, in der es kein Privateigentum an Produktionsmitteln mehr und damit keine Ausbeutung mehr gibt.

Der **Sozialismus** (lat. *socialis* = gesellschaftlich) entstand als politische und philosophische Bewegung im frühen 19. Jahrhundert mit dem Ziel, das Elend der neuen Arbeiterklasse zu beseitigen und eine gerechte, auf Gleichheit beruhende Gesellschaftsordnung zu schaffen. Von den drei Losungen der Französischen Revolution: Freiheit, Gleichheit, Brüderlichkeit legte er die Betonung auf Gleichheit und Brüderlichkeit. Wichtiger als das einzelne Individuum war die grundsätzliche Umgestaltung der gesamten Gesellschaft. Im Gegensatz zum Liberalismus wollte der Sozialismus nicht nur feudale Standesschranken abschaffen, sondern auch das kapitalistische Wirtschaftssystem, das auf dem Privateigentum an Produktionsmitteln beruht.

Der Sozialismus blieb als Sammelbegriff für alle antikapitalistischen Bewegungen erhalten. Anfangs unterschied man kaum zwischen Sozialismus und Kommunismus. Im Laufe des 19. Jahrhunderts bildete sich aber der **Kommunismus** (lat. *communis* = gemeinsam) als radikale Form des Sozialismus heraus. Ziel war eine klassenlose Gesellschaft, die nur durch eine bewaffnete proletarische Revolution erreicht werden konnte. Nach **Lenin** (1870–1924) kann dies nur unter Führung einer kommunistischen Kaderpartei erfolgen. Für die Kommunisten wurde der „Sozialismus" eine Übergangsphase zwischen der proletarischen Revolution und der endgültigen Errichtung einer **klassenlosen Gesellschaft**.

Es waren vor allem die Kommunisten, die sich auf die ideologische Grundlage des **Marxismus** stützten. Der Marxismus ist das von Karl Marx und Friedrich Engels im ***Kommunistischen Manifest*** (s. S. 53) erstmals formulierte und von Lenin fortentwickelte philosophische System.

Auch der **Anarchismus** (gr.: *an* = nicht,; *archein* = herrschen) ist eine im 19. Jahrhundert entwickelte Spielart des Sozialismus. Im Gegensatz zum Kommunismus ist er antiautoritär. Er lehnt jede Form staatlicher Organisation als

Unterdrückung ab und strebt eine dezentrale Gesellschaft an, die auf lokalen und freien Verbindungen von Individuen beruht. Einer ihrer bedeutendsten Vertreter ist der Russe Michail Bakunin (1824–1876), eine Verbindung von Anarchismus und radikalem **Individualismus**, nach dem es nur auf die je eigene Selbstverwirklichung ankommt, vertritt Max Stirner (1806–1856).

Eine neue Welt- und Menschensicht im späten 19. Jahrhundert

Die Wirklichkeit jenseits der Vernunft

Einleitung

Von den griechischen Philosophen bis hin zu den Philosophen des Deutschen Idealismus war es eine in der Philosophie vorherrschende Ansicht, dass die Welt im Grunde vernünftig geordnet sei und dass es auch die beherrschende Rolle der Vernunft ist, die den Menschen von allen anderen Lebewesen unterscheidet. Auch das Christentum stützte diese Ansicht mit der These, der Mensch sei ein von Gott auserwähltes Wesen. Wenn wir heute die Rolle der Vernunft wesentlich skeptischer einschätzen und uns nach den Erfahrungen des 20. Jahrhunderts in dem Wissen bestätigt sehen, dass dem Menschen „alles zuzutrauen" ist, so verdanken wir diese Einsicht denjenigen Philosophen des 19. Jahrhunderts, die die Rolle der Vernunft radikal abgewertet und unseren Blick auf die Rolle der Triebe und der irrationalen Kräfte in der Welt gelenkt haben. Mitten in der Blütezeit des Deutschen Idealismus, im Jahre 1819, hat **Arthur Schopenhauer** (s. S. 57 f.) in seinem Werk *Die Welt als Wille und Vorstellung* (s. S. 58 f.) schon darauf hingewiesen, dass es eine Wirklichkeit jenseits der Vernunft gibt, die sehr viel mehr Einfluss auf unser Leben hat, als wir dies jemals für möglich gehalten hätten. Mit Schopenhauer beginnt die Moderne in der Philosophie und das Ende einer auf den Glauben an die Vernunft gegründeten Metaphysik.

Schopenhauers Werk entfaltete aber erst in der zweiten Hälfte des 19. Jahrhunderts seine volle Wirkung. Ohne ihn wäre die Philosophie **Friedrich Nietzsches** (s. S. 61) nicht denkbar, die mit ihrer Forderung nach einer „Umwertung aller Werte" und ihrer Verherrlichung der Stärke und Vitalität wie ein Vorbote der kulturellen und politischen Entwicklungen des 20. Jahrhunderts erscheint. Aber auch andere philosophische Strömungen, wie z. B. der *Transzendentalismus* des Amerikaners **Ralph Waldo Emerson** propagierten eine Hinwendung zur Natur und eine Abwendung von einer rein verstandesorientierten Zivilisation. Aber nicht nur Philosophen im engeren Sinne, sondern auch Wissenschaftler der verschiedensten Bereiche stützten diese Veränderung im Welt- und Menschenbild. So hatte **Charles Darwin** mit seiner *Evolutionstheorie* (s. S. 59 f.) die enge Verwandtschaft zwischen Mensch und Tier nachgewiesen, ein weiterer Frontalangriff auf die rational und christlich geprägte Sicht des Menschen. Durch **Sigmund Freuds** (s. S. 64 f.) Theorie des Unterbewusstseins wurde uns endgültig die Augen geöffnet für das, was unter der Decke der Vernunft im Menschen schlummert.

Kurzporträt — **Arthur Schopenhauer** (1788–1860) **Der Buddha von Frankfurt:**

·SCHOPENHAUER·

Er war ein leidenschaftlicher, aufbrausender und eigenwilliger Mensch, doch was Geld anging, war der Sohn eines Danziger Kaufmanns ein kühler Rechner. Er legte das vom Vater ererbte Kapital so gut an, dass er bis zu seinem Tod bequem als Privatgelehrter leben konnte, die letzten 30 Jahre davon in Frankfurt/Main. Denn eine akademische Karriere machte er nicht. Als ein entschiedener Gegner Hegels und des deutschen Idealismus (s. Kapitel „Die Meisterdenker und das Absolute", S. 37 ff.) schwamm er gegen den Strom der philosophischen Mode. Die in seinem frühen

Hauptwerk *Die Welt als Wille und Vorstellung* (s. unten) gegen Hegel entwickelte These, dass nicht die Vernunft, sondern ein irrationaler **Wille** die Welt beherrsche, fand im frühen 19. Jahrhundert kaum Gehör. Der trotzige Versuch des jungen Dozenten Schopenhauer, seine Vorlesung an der Berliner Universität zur gleichen Zeit wie diejenige Hegels zu halten, endete in Frustration: Die Studenten ließen ihn sitzen, denn nicht er, sondern Hegel war „in“.

Schopenhauer war der erste bedeutende europäische Philosoph, der sich mit dem Buddhismus und der indischen Philosophie beschäftigte. Wie die ostasiatischen Meditationslehren, so sah auch er mit pessimistischen Augen auf die Welt. Er teilte die Ansicht, dass Leben Leiden bedeutet und dass erst in der Askese Erlösung zu finden ist. Der Fortschrittsglaube ließ ihn kalt. Unbekannt und zurückgezogen lebte er ein Junggesellenleben mit seinem Hund „Atman“ (= Weltseele), den er als „Mensch“ beschimpfte, wenn er ungehorsam war. Man nannte ihn den „Buddha von Frankfurt“. Richtig bekannt wurde Schopenhauer erst durch die Veröffentlichung seines Spätwerks *Parerga und Paralipomena* (1851), in dem er kleinere Schriften und Aufsätze sammelte, u. a. seine berühmten *Aphorismen zur Lebensweisheit*. Als Hegels Einfluss abebbte, ging es mit Schopenhauers Ruhm bergauf. Für den jungen **Friedrich Nietzsche** (s. S. 61) war Schopenhauer der wichtigste philosophische Erzieher.

(s. unten)
(s. S. 61)

PHILOSOPHISCHES STICHWORT
Die Welt als Wille und Vorstellung

Die Welt als Wille und Vorstellung, das philosophische Hauptwerk Arthur Schopenhauers (s. S. 57), war der Geniestreich eines noch nicht einmal dreißigjährigen Autors. In keinem anderen Werk hat Schopenhauer seine Auffassungen so systematisch und umfassend dargelegt. Doch erst Jahrzehnte nach seinem Erscheinen entfaltete das Buch seine Wirkung und wurde zum Wegbereiter einer neuen nicht-rationalen Weltsicht.

Die Welt als Wille und Vorstellung verbindet auf eigenwillige Weise die Philosophie **Immanuel Kants** (s. „Die Philosophie der frühen Neuzeit …“) mit den ostasiatischen Erlösungslehren des Buddhismus und Hinduismus. Wie Kant, so unterscheidet Schopenhauer zwischen einer Welt der Er-

(s. S. 57)

scheinung und einer für uns unerkennbaren Welt des **Dinges an sich**. Die Welt der Erscheinung, die wir nur durch die Brille von Raum, Zeit und Kausalität wahrnehmen können, nennt er „Vorstellung". Doch auch die wahre Welt ist für uns durch eine Art Introspektion erkennbar: Sie ist **Wille**, d. h. eine irrationale kosmische Kraft, die sich vom Wachstum der Pflanzen bis zur Sexualität des Menschen überall äußert und alle Lebensregungen beherrscht. Unsere hoch gelobte Vernunft dagegen ist nur ein kleines und schwaches Lämpchen, das sich gegen den kosmischen Willen nur in Ausnahmefällen behaupten kann. Wie Buddhismus und Hinduismus, so vertritt das Werk eine pessimistische Weltsicht: Das Leben ist Leiden und nur die Abkehr von dem Kreislauf des Willens bringt Erlösung.

Die Erkenntnis, dass der Mensch ein im Grunde triebbestimmtes Wesen ist, hat nicht nur Nietzsche (s. S. 61) und Sigmund Freuds *Psychoanalyse* (s. S. 64 f.), sondern auch das gesamte Welt- und Menschenbild des 20. Jahrhunderts beeinflusst.

Charles Darwin und die Evolutionstheorie

Heute wissen wir, dass der genetische Code des Menschen und des Schimpansen zu mehr als 90 % übereinstimmen. Der Mann, der die enge Verwandtschaft von Tier und Mensch zum ersten Mal theoretisch erklärte, war der englische Naturforscher **Charles Darwin** (1809–1882). Als junger, abgebrochener Medizin- und Theologiestudent von 22 Jahren brach er auf und brachte für seine bibelfesten Landsleute schockierende Kunde mit: Er hatte z. B. bemerkt, dass sich Vogelarten unter Umwelteinflüssen veränderten und an die neuen Bedingungen anpassten und auch, dass offenbar die Anpassungsfähigsten die besten Überlebenschancen hatten. Es vergingen aber noch viele Jahre, bis er seine Beobachtungen in seinen Hauptwerken *Die Entstehung der Arten* (1859) und *Die Abstammung des Menschen* (1871), wissenschaftlich verarbeitete und auf den Menschen übertrug. Der Sprengkraft seiner **Evolutionstheorie** war er sich wohl bewusst: „Mir ist", so schrieb er, „als gestände ich einen Mord ein."

Darwin wies nach, dass sich die organische Natur in einem ständigen Entwicklungsprozess, einem sich selbst regulierenden Ausleseverfahren befindet. In einem durch Anpassungsdruck gekennzeichneten Kampf ums Dasein erfolgt eine natürliche Zuchtauslese, in der die robustesten Arten sich durchsetzen („survival of the fittest"). Auch der Mensch ist aus diesem Verfahren hervorgegangen. Mensch und Affe sind, evolutionstheoretisch gesehen, Cousins, d. h., sie haben die gleichen Vorfahren.

Damit war die christliche Lehre vom Menschen als auserwähltem Wesen in Frage gestellt und auch das in der Philosophie verbreitete Bild des Menschen als Vernunftwesen erschüttert. Nach der Evolutionstheorie gibt es nur einen graduellen, aber keinen grundsätzlichen, qualitativen Unterschied zwischen Mensch und Tier mehr. Die Evolutionstheorie übte großen Einfluss auf **Friedrich Nietzsche** (s. rechts) und die gesamte Literatur und Philosophie des frühen 20. Jahrhunderts aus. Die katholische Kirche hat sie erst in den 90er Jahren des 20. Jahrhunderts offiziell als mit der christlichen Schöpfungslehre vereinbar anerkannt.

Der so genannte **Sozialdarwinismus**, der Darwins Theorie der natürlichen Auslese und des „Kampfs ums Dasein" auf die Gesellschaft und die sozialen Konflikte überträgt, wurde von Darwin selbst nicht vertreten.

Friedrich Nietzsche machte keine Karriere, führte ein einsames Leben und blieb in der Welt der Philosophie lange Zeit unbekannt. Nach einem rasanten Start – mit 24 Jahren wurde er bereits zum Professor für klassische Philologie in Basel ernannt – zog er sich schon sehr früh aus Krankheitsgründen vom akademischen Leben zurück. Aber auch philosophisch hatte er sich bereits auf einen eigenen Weg gemacht. Sein von der Musik Richard Wagners und der Philosophie Arthur Schopenhauers (s. S. 57) inspiriertes Erstlingswerk *Die Geburt der Tragödie aus dem Geiste der Musik* (1872) huldigte den irrationalen, „dionysischen" Kräften in der Kunst und in der Welt.

Nietzsche lebte fortan in Hotelzimmern oder bei Freunden. Viele seiner in dieser Zeit entstandenen Werke wurden aus kurzen Prosastücken und Aphorismen zusammengestellt und tragen den Stempel seines unsteten Lebens. Die letzten Lebensjahre verbrachte er, von einer Geisteskrankheit gezeichnet, in der Obhut seiner Schwester.

Nietzsche glaubte, dass die gesamte europäische Philosophie seit Sokrates (s. Kapitel „Antike und Christentum", S. 7 ff.) einen falschen Weg eingeschlagen habe. Die vitalen, körperlichen und kreativen Kräfte des Menschen seien zugunsten einer blutleeren Vernunft und Wissenschaft abgewertet worden. Auch unsere Moralvorstellungen seien Produkte einer dekadenten Zivilisation. Insbesondere dem **Christentum** gab er die Schuld dafür, dass die Starken, aus Gründen des Neids und des Ressentiments, zu Schuldigen und Bösen abgestempelt wurden. Nietzsche forderte eine Umwertung unserer Moralbegriffe und kündigte ein Zeitalter des **Nihilismus** an: Der Glaube an Gott sei eine Illusion, denn „Gott ist tot". An die Stelle der **Sklavenmoral** des Christentums soll eine neue **Herrenmoral** treten. Der Mensch müsse zu den irrationalen Triebkräften des Lebens, zum **Willen zur Macht**, ja sagen. Anders als Schopenhauer ist dieser Wille für ihn keine ziellose Kraft, die den Menschen in den Kreislauf von Leben, Leiden und Tod verstrickt, sondern eine positive, auf das Ziel der Persönlichkeitsentfaltung gerichtete Quelle der Vitalität. Im Dienst dieses Willens sieht sich Nietzsche in seinem berühmtesten Werk ***Also sprach Zarathustra*** (1883–85) in der Rolle des Propheten eines moralisch und physisch erneuerten Menschen: des **Übermenschen**.

➤ S. 64

Wie halten wirs mit den
Trieben?

Dass wir in einer irrationalen, triebbestimmten Welt leben und selbst Teil dieser Welt sind, war eine der Hauptthesen Arthur Schopenhauers (s. S. 57) in seinem Hauptwerk *Die Welt als Wille und Vorstellung* (1819) (s. S. 58 f.). Der wahre Kern der Wirklichkeit war für ihn nicht mehr, wie die Philosophen des Deutschen Idealismus (s. Kapitel „Die Meisterdenker und das Absolute", S. 37 ff.) behauptet hatten, die Vernunft, sondern der **Wille**, eine kosmische, ziellose Lebensenergie. Für Schopenhauer selbst war diese Einsicht jedoch ein Grund zum Pessimismus, denn er glaubte weiterhin daran, dass nur in der Vernunft, in der Welt des Geistes und der Kultur das Positive des Menschen liegt. Den Einfluss dieser Vernunft sah er jedoch als nur noch sehr begrenzt an. Das Beste, was der Mensch tun konnte, war, den heroischen Versuch zu unternehmen, wenigstens in seinem eigenen Leben die Triebhaftigkeit zu überwinden, mit anderen Kreaturen Mitleid zu haben und die Fahne des Geistes hochzuhalten.

In krassem Gegensatz zum Pessimismus Schopenhauers steht der *Transzendentalismus* des Amerikaners **Ralph Waldo Emerson** (1803–1882). Für Emerson war die gesamte natürliche Welt, auch die menschlichen Triebe, Teil einer überall wirkenden Weltvernunft. Gerade in der Hinwendung zur Natürlichkeit aber, in einer ganzheitlichen Erfahrung der Welt, in der Körper und Geist beteiligt sind, sah Emerson den Weg der Selbstverwirklichung und Teilhabe an der kosmischen Vernunft.

Das Verhältnis von Irrationalität und Vernunft

Friedrich Nietzsches (s. S. 61) Philosophie verbindet Elemente der Lehre Schopenhauers und Emersons. Wie Schopenhauer glaubt er an die Irrationalität und Triebhaftigkeit der Welt. Schopenhauers „Wille" wird bei Nietzsche zu einem zielgerichteten **Willen zur Macht**, einem ständigen Streben nach Selbstentfaltung. Doch im Gegensatz zu Schopenhauer und in Anlehnung an Emerson ist Nietzsche ein Optimist, der die triebhafte Natur und den Willen zur Macht als Grundlage eines kreativen Lebens bejaht. Der von ihm prophezeite „Übermensch" bezeichnet eine biologisch und kulturell höhere Stufe des Menschen, in der die Reste der christlichen Demuts- und Mitleidsmoral abgestreift sind.

Die *Psychoanalyse* **Sigmund Freuds** (s. S. 64 f.) bestätigt die Theorien Schopenhauers und Nietzsches über die triebbestimmte Natur des Menschen. Freuds Theorie der Psyche versucht den Nachweis, dass nicht nur das menschliche Verhalten, sondern auch die gesamte menschliche Kultur eine Verarbeitung von Triebbedürfnissen unseres Unterbewusstseins sind. Allerdings tritt Freud, anders als Nietzsche, für eine Kontrolle dieser Triebbedürfnisse ein. Kreativität, Kultur und ein erfülltes Leben sind für ihn nur möglich, wenn wir die Wünsche unseres Unterbewusstseins steuern und sie in Energie zugunsten „höherer" Zwecke umwandeln können.

Mit Nietzsche erreichte das neue, nichtrationale Welt- und Menschenbild einen philosophischen Höhepunkt. Sein Denken hat die Philosophie, Kunst und Politik des 20. Jahrhunderts, von der klassischen Moderne bis zur so genannten **Postmoderne** (siehe Kapitel „Neue Wege der Philosophie", S. 109 u. 116 ff.), nachhaltig beeinflusst. Aber auch antidemokratische, gewaltverherrlichende Ideologien wie der Faschismus konnten sich auf Nietzsche berufen.

PHILOSOPHISCHES STICHWORT
Also sprach Zarathustra (1883–1885)

Also sprach Zarathustra ist das bekannteste Werk Friedrich Nietzsches (s. S. 61) und eines der eigenartigsten Bücher der Philosophiegeschichte. Stil und Aufbau des Buches erinnern nicht zufällig an religiöse Offenbarungsbücher. An die Stelle einer logisch-rationalen Argumentation treten Reden, Gleichnisse und sogar Gedichte.

Unter dem Namen „Zarathustra", dem europäischen Namen des altpersischen Religionsstifters Zoroaster, verkündet Nietzsche in bewusster Anlehnung an die Sprache der Bibel, aber in bewusstem Gegensatz zum Christentum sein neues philosophisches Glaubensbekenntnis. Es enthält eine „Umwertung aller Werte": Statt einer Geschichte, die auf Heil und Erlösung zuläuft, propagiert Zarathustra die „Ewige Wiederkehr des Gleichen"; an Stelle des sinnenfeindlichen, kleingeistigen, von christlicher Moral geformten Menschen verkündet er die Ankunft des vitalen und starken „Übermenschen". Dieser ist Repräsentant einer zukünftigen, höheren Lebensform, die sich durch Lebensbejahung und einen **Willen zur Macht** auszeichnet.

PHILOSOPHISCHES STICHWORT
Sigmund Freud und die Psychoanalyse

Ebenso wie Darwins *Evolutionstheorie* (s. S. 59) veränderte die Psychoanalyse die traditionelle Wahrnehmung des Menschen als eines vernunftbestimmten Wesens. Ihre Erkenntnisse wurden jedoch nicht auf einer Weltreise, sondern auf der berühmten Couch des Wiener Nervenarztes Sigmund Freud (1856–1939) gewonnen, die heute noch in Wien besichtigt werden kann.

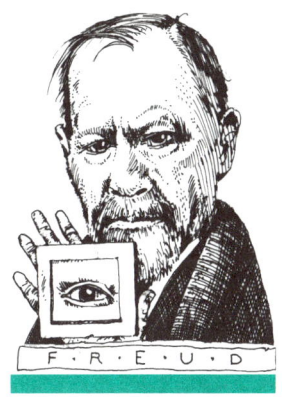

Aus der Beschäftigung mit Träumen und der Therapie von psychischen Störungen kam Freud zu dem Schluss, dass das triebbestimmte **Unterbewusstsein** und insbesondere die Sexualität einen erheblichen Einfluss auf unser scheinbar rationales Verhalten haben. Ausgehend von seinem zunächst unbeachteten Werk *Die Traumdeutung* (1900) entwickelte Freud ein Modell der Psyche, in dem es drei Instanzen gibt:

Das „Es" als Bereich der **Triebe** , das „Ich" als Vermittlung zwischen Triebwünschen und rationalen Ansprüchen und das „Über-Ich" als Vertreter übergeordneter Normen und Gebote. Nur wenn alle drei Instanzen sich im Gleichgewicht befinden, ist der Mensch psychisch gesund. Häufig dagegen „verdrängt" der Mensch Wünsche des Unterbewusstseins, was zu psychischen Störungen führt. In der psychoanalytischen Therapie wird versucht, die unterbewussten „wahren" Motive menschlichen Verhaltens herauszufinden. In seinen späteren Werken hat Freud die Psychoanalyse zu einer Kulturtheorie erweitert, in der er kulturelle Leistungen der Menschheit als „Sublimierung", d. h. rationale Umlenkung triebhafter Energien deutete. Von ihren Anhängern wie eine neue Religion begrüßt, spaltete sich die Psychoanalyse in zahlreiche Sekten, ein Prozess, der bis heute andauert, den Einfluss Freuds auf die westliche Kultur aber nicht beschädigt hat.

Frischer Wind in die Metaphysik im frühen 19. Jahrhundert

Lebensphilosophie, Phänomenologie und Existenzphilosophie

Einleitung

Die provokativen wissenschaftlichen Erneuerer, wie Charles Darwin (s. S. 59 f.), oder kreative Außenseiter wie Schopenhauer, Nietzsche (s. S. 61) oder Kierkegaard (s. S. 43 f.) wurden von der etablierten Philosophie zunächst nicht ernst genommen. Doch gerade sie waren es, die frischen Wind in die Auseinandersetzung mit den uralten Fragen der *Metaphysik* brachten: Welches ist der letzte Grund der Wirklichkeit? Welche Stellung kommt dem Menschen in dieser Wirklichkeit zu?

Dieser frische Wind beförderte eine Reihe von neuen philosophischen Schulen, die sich vor allem in Frankreich und Deutschland entwickelten. **Henri Bergson** (s. S. 68) und die von ihm mitbegründete **Lebensphilosophie** (s. rechts) wollten im Anschluss an Schopenhauer und Nietzsche den Menschen mit einem tiefer liegenden irrationalen Welt- und Lebensgrund verbinden. Die von **Edmund Husserl** (s. S. 70) ausgehende *Phänomenologie* versuchte nach dem Motto „Zu den Sachen selbst" wieder einen unverfälschten Zugang zu den Gegenständen unserer Erkenntnis zu gewinnen. Husserls Schüler, wie **Max Scheler** (s. S. 70), wandten sich dem komplexesten aller „Gegenstände", dem Menschen, zu. Sie entfachten, ein paar Jahrzehnte nach der Evolutionstheorie Charles Darwins (s. S. 59), die Debatte neu, inwiefern der Mensch ein Sonderwesen ist, und schufen so die neue Disziplin der ***philosophischen Anthropologie*** (von griechisch *anthropos* = Mensch). Zu Husserls Schülern zählte auch Martin Heidegger (s. S. 72), der im Anschluss an Kierkegaard die Freiheit und die Entscheidung des Einzelnen in den Mittelpunkt des Denkens stellte und so die ***Existenzphilosophie*** mitbegründete. An Heidegger anknüpfend, wurde die Existenzphilosophie durch die französischen Existentialisten (s. S. 74 f.) zu einer breiten intellektuellen Bewegung. Lebensphilosophie, Phänomenologie und Existenzphilosophie – sie alle haben gemeinsam, dass sie die Philosophie wieder zu ihren Ursprüngen zurückführen wollten. Gegenüber den Vertretern der ***Analytischen Philosophie*** (s. S. 76) setzten sie sich allerdings dem Vorwurf aus, sie bauten Luftschlösser und redeten über Dinge, über die wissenschaftlich fundierte Aussagen nicht möglich seien.

PHILOSOPHISCHES STICHWORT
Lebensphilosphie

Anders als der Name „Lebensphilosophie" andeutet, handelt es sich nicht um eine Philosophie der Lebenshilfe oder Lebensklugheit, sondern um eine neue Art der Wirklichkeitserklärung, die sich an die Lehren Arthur Schopenhauers und Friedrich Nietzsches (s. S. 57 f. u. 61) anschließt. Die Lebensphilosophie unterscheidet zwischen zwei Arten von Wirklichkeiten: Die rational und wissenschaftlich erfassbare Wirklichkeit, die aber als „tote Materie" nur eine Oberflächenwirklichkeit ist. Dem steht die wahre Welt des „Lebens", eine fließende, irrationale, schöpferische Wirklichkeit entgegen, die nicht durch äußeres Messen und Klassifizieren, sondern nur durch innere Intuition zugänglich ist. Hauptvertreter der Lebensphilosophie waren in Frankreich **Henri Bergson** (s. S. 68), in Deutschland **Wilhelm Dilthey** (1833–1911) und **Georg Simmel** (1858–1918).

König einer neuen Metaphysik

In der Zeit vor dem Ersten Weltkrieg war Henri Bergson nicht nur in Frankreich, sondern in ganz Europa eine geistige Autorität. Er lehrte am berühmten *Collège de France* in Paris und erhielt 1927 sogar für sein Hauptwerk *Schöpferische Entwicklung* (1907) den Nobelpreis für Literatur. Als König einer neuen Metaphysik zog er Zuhörer in Scharen an. Wie die späteren Pariser Existentialisten (s. S. 74 f.) war er ein *homme de lettres* und erreichte ein großes Leserpublikum.

Bergson ist der wichtigste Vertreter der so genannten **Lebensphilosophie** (s. S. 67). In Anlehnung an Nietzsches **Willen zur Macht** prägte er den Begriff des *élan vital*, eine elementare Lebenskraft, die den irrationalen Lebensstrom in Schwung hält. Überall spürte er diesem, dem Verstand verborgenen Lebensstrom nach. Auch die Zeit hat, wie er in *Zeit und Freiheit* (1889) ausführt, zwei Gesichter: als mit der Uhr messbare Zeit und als innere, erlebte Zeit, als „Dauer", eine Theorie, mit der er die gesamte Literatur des frühen 20. Jahrhunderts, insbesondere den Bewusstseinsroman, beeinflusst hat.

PHILOSOPHISCHE DEBATTE
Wo finden wir die wahre, unverfälschte Wirklichkeit?

Die Frage nach der wahren Wirklichkeit und wie man an sie herankommt ist die Grundfrage der *Metaphysik*, und sie wurde in jedem Zeitalter der Philosophie neu gestellt. Nachdem Schopenhauer und Nietzsche (s. S. 57 f. u. 61) die Ansicht, die Wirklichkeit sei vernünftig, gründlich diskreditiert hatten, und auch die Naturwissenschaften, von der Evolutionstheorie (s. S. 59) bis zur Entdeckung der Elektrizität, die Weltsicht der Zeitgenossen veränderten, nahmen zunächst die Vertreter der *Lebensphilosophie* (s. S. 67) einen neuen Anlauf. Henri Bergson (s. oben) ergänzte die irrationale Wirklichkeitserklärung Schopenhauers und Nietzsches mit Anregungen aus der Biologie: Die wahre Wirklichkeit ist organisch, ein kontinuierlich bewegter Lebensstrom. Der Weg zu ihr führt nicht über den Verstand, sondern über eine innere Wahrnehmung, die Intuition. Die Theorie, dass die

Wirklichkeit nicht aus festen Einzelbestandteilen besteht, sondern eine durch Prozesse vernetzte Bewegung ist, vertritt auch der englische Metaphysiker **Alfred North Whitehead** (1861–1947). Anders als die Lebensphilosophen ist Whitehead jedoch der Meinung, dass diese Prozesse rational erkennbar sind. An einer rationalen Wirklichkeitserklärung hält auch **Nicolai Hartmann** (1882–1950) mit seiner Schichtenlehre fest. Für Hartmann sind die Erkenntnisse der Naturwissenschaften wichtiger als die metaphysischen Lehren Schopenhauers und Nietzsches. Die Wirklichkeit ist nach Hartmann eine Einheit und besteht aus aufeinander ruhenden Schichten, von denen die Schicht der anorganischen Materie die unterste und die Schicht des Geistes die oberste ist. Angeregt durch die Evolutionstheorie vertritt Hartmann die These, dass sich der Geist aus der Materie entwickelt hat. Edmund Husserl (s. S. 70) und die von ihm begründete ***Phänomenologie*** glaubten wiederum, dass wir nur dann etwas über die Wirklichkeit sagen können, wenn wir alle philosophischen Scheuklappen ablegen und uns durch eine „Wesensschau" ganz auf die ins Visier genommenen Gegenstände konzentrieren, die wir erkennen wollen. Husserls ehemaliger Assistent Martin Heidegger (s. S. 72) wollte die Metaphysik auf völlig neue Wege führen und kann weder als Rationalist noch als Irrationalist bezeichnet werden. Er sieht sich in der Tradition der frühesten griechischen Philosophen. Die wahre Wirklichkeit liegt für ihn im „Sein", das er in Übersetzung des griechischen Begriffs *aletheia* als „Unverborgenheit" bezeichnet. Dieses **Sein** ist kein Gegenstand, den man „erkennen" oder analysieren kann, sondern ein Ereignis, ein Geschehen, das die Welt wie ein plötzlich einfallendes Licht erhellt. Damit rückt Heidegger die Metaphysik in die Nähe der religiösen Mystik.

Meister und Meisterschüler der Phänomenologie

Trotz seiner auf die akademische Philosophie beschränkten Ge-
lehrtenexistenz schaffte es Edmund Husserl, die Philosophie des
frühen 20. Jahrhunderts neu zu inspirieren. Mit dem Schlachtruf
„Zu den Sachen selbst!" wollte er sie von allen Vorurteilen der
philosophischen Tradition und des Alltags befreien und wieder
zum Kern der Dinge vorstoßen.

Ein Gegenstand, so Husserl, wird für uns erst greifbar, wenn er in
unserem Bewusstsein erscheint, d. h. wenn er zum „Phänomen"
wird. Um die unverfälschte Erkenntnis dieser „Phänomene" ging
es ihm und der von ihm begründeten **Phänomenologie**. Dazu
schlug er ein Denkverfahren vor, das er **Wesensschau** nannte und
das dem Anpirschen von Indianern ähnelt, die ihrem Feind hinter
einem Busch auflauern: Das Phänomen wird umzingelt, „einge-
klammert", von allen unwesentlichen Beigaben entkleidet, bis es
nackt vor einem steht und auf das Wesentliche „reduziert" ist.

Husserls „phänomenologische Reduktion" lehrte seine Schüler,
einen neuen und konzentrierten Blick auf die Wirklichkeit zu werfen. Einer der wichtigsten, Max Scheler, nahm sich dabei ein ganz
besonderes „Phänomen" vor: den Menschen selbst nämlich, von
dem alle Bewusstseinsakte ausgehen. Als einziges Wesen ist der
Mensch nach Scheler **Person** und **Geist**, wodurch er aus dem Bereich des Organischen herausragt.

Scheler war ein völlig anderer Typ als Husserl. Er war das, man ein
chaotisches Genie nennen könnte: ein Mann voller brillanter
Ideen, der aber weder in sein Denken noch in sein Leben so richtig Ordnung bringen konnte. Wenn er vor Studenten aus einem
Buch zitieren wollte, riss er einfach die betreffende Seite heraus
und nahm sie mit in die Vorlesung. Ebenso oft wie mit Frauen flir-
tete er mit Weltanschauungen und Religionen. 1916 konvertierte
er zum Katholizismus und auch der spätere Papst Johannes Paul
II., Karol Wojtyla, fand Scheler katholisch genug, um über ihn zu
habilitieren. Nicht zufällig können in der von ihm begründeten ma-
terialen Wertethik (s. S. 71) die höchsten Werte nur durch den Typ
des „Heiligen" verwirklicht werden, ein Typ, zu dem Scheler im Allgemeinen nicht gezählt wird.

Die materiale Wertethik ist eine Moraltheorie, die sowohl von dem Phänomenologen **Max Scheler** (1874–1928 s. links) als auch von **Nicolai Hartmann** (1882–1953) vertreten wurde. Scheler und Hartmann stellen eine Rangordnung von Werten auf. An der Spitze stehen bei Scheler die religiösen, bei Hartmann die sittlichen Werte. Die christliche Tugend der Liebe steht bei beiden ganz oben auf der Liste. Die Werte existieren objektiv, d. h. unabhängig von menschlichen Werturteilen. Im Menschen gibt es aber ein ursprüngliches „Wertgefühl", das ihn intuitiv zwischen höheren und niederen Werten unterscheiden lässt. Je höhere Werte wir in unserem Handeln verwirklichen, desto moralischer handeln wir.

In der zweiten Hälfte des 19. Jahrhunderts hatte **Charles Darwin** mit seiner *Evolutionstheorie* (s. S. 59 f.) das Selbstbild des Menschen als Krone der Schöpfung gehörig ins Wanken gebracht. Die neuen Metaphysiker im späten 19. und frühen 20. Jahrhundert taten ihr Bestes, um dem Menschen seine Sonderstellung zurückzugeben. Sowohl der Phänomenologe **Max Scheler** (s. links) als auch der Existenzphilosoph **Martin Heidegger** (s. S. 72) waren sich darin einig, dass der Mensch aus der natürlichen Ordnung der Lebewesen herausragt. Max Scheler begründete sogar mit seinem Buch *Die Stellung des Menschen im Kosmos* (1928) die *philosophische Anthropologie*, die neue philosophische Lehre vom Menschen. Für Scheler ist zwar der Mensch auch ein Tier unter Tieren, aber er ist mehr: Er hat Teil am Geist und er ist als „Person" fähig zur persönlichen, individuellen Zuwendung, zur Liebe. Er ist „weltoffen" und nicht an die

Vorgaben einer bestimmten Umwelt gefesselt. Für Heidegger besteht der Sonderstatus des Menschen vor allem in der zeitlichen Bestimmtheit der menschlichen Existenz, d. h. z. B. in der Möglichkeit, sich auf die Zukunft hin zu orientieren und im Bewusstsein des eigenen Todes zu leben. Als zeitlich bestimmtes „Dasein", so sagt es sein Hauptwerk *Sein und Zeit* (s. S. 74) ragt der Mensch als einziges Wesen in das „Sein" hinein, für Heidegger die wahre, unverborgene Wirklichkeit. Ein anderes wichtiges Merkmal des Menschen ist für ihn die Freiheit. Als Unterscheidungsmerkmal des Sonderwesens Mensch spielt sie auch bei den anderen Vertretern der Existenzphilosophie, wie z. B. bei Karl Jaspers (1883–1969) oder bei den Pariser Existentialisten (s. S. 74 f.) die entscheidende Rolle. Jaspers betont, dass sich deswegen der Mensch auch nie vollständig wissenschaftlich erfassen lässt. Jean-Paul Sartre drückt das Ganze etwas komplizierter aus. Beim Menschen, so sagt er, kommt die „Existenz" vor der „Essenz", d. h. der Wesensbestimmung. Soll heißen: Zuerst mal kommt der Mensch auf die Welt und dann muss er selbst sehen, was aus ihm wird. Es gibt keine im Vorhinein festgelegte Bestimmung des Menschen.

Martin Heidegger (1889–1976) ———————— *Kurzporträt*
Der Hohe Priester von Todtnauberg

Der streng katholisch erzogene Bub Martin Heidegger aus dem südbadischen Messkirch sollte eigentlich Priester werden. In gewisser Weise wurde er es auch: als Hoher Priester der Existenzphilosophie, aber auch als Vordenker der Postmoderne (s. Kapitel „Neue Wege der Philosophie", S. 108) genießt er bis heute Kultstatus. Die Verehrung, die Heidegger von Schülern und Anhängern entgegengebracht wird, hat durchaus religiösen Charakter. Auch seine philosophische Ausrichtung auf das „Sein", von dem Heidegger sagt, dass es sich „offenbaren" müsse, trägt religiöse Züge. Zwei Ereignisse brachten Heidegger jedoch von seiner angestammtem Religion ab: die mit dem Ersten Weltkrieg verbundenen Umbrüche der Zeit und die Begegnung mit der Philosophie. Der junge Dozent Heidegger war die große Attraktion der Philosophieszene der 20er Jahre. Er beeindruckte die Studenten durch sein unorthodoxes Auftreten, aber auch dadurch, dass er mit seinen Analysen und Fragen die Verbindung zwischen Philosophie und Leben wiederherstellte. Mit seinem Trachtenanzug und seiner Gewohnheit, nach der Vorlesung eine Skipartie einzulegen, war er ein echtes *event*. Die Moderne, die Großstadt, die Welt der Mobilität, der Zerstreuung und der Medien waren Heidegger ein Graus. Er blieb ein bewusster Provinzler, der sich im heimatlichen Schwarzwald am wohlsten fühlte. Nicht zufällig tragen seine Schriften Titel wie *Holzwege* oder *Der Feldweg*. In Todtnauberg besaß er eine kleine, spartanisch eingerichtete Holzhütte, wo ihm seine besten Gedanken kamen und er die Einheit von Geist und Landschaft zelebrierte.

Ziel und Hauptthema seiner Philosophie blieb immer das „Sein". Auf die Frage, was denn dieses „Sein" eigentlich sei, reagierte Heidegger ausweichend wie ein Schwarzwaldbauer, den man nach seinen Ersparnissen fragt. Er machte dunkle Andeutungen oder erklärte listigerweise, was das „Sein" nicht sei: jedenfalls nicht Gott und nicht der Weltgrund. Zwischen dem „Sein" und dem Menschen, dem „Dasein" sah er eine Wechselbeziehung: Eines sei auf das andere bezogen. In seinen zwei großen Schaffensphasen setzte er unterschiedliche Akzente: Vor dem Zweiten Weltkrieg stand das „Dasein", d. h. der Mensch im Mittelpunkt seines Denkens. Mit ***Sein und Zeit*** (1927, s. S. 74) schuf er das Hauptwerk der ***Existenzphilosophie***. Nach dem Zweiten Weltkrieg wandte er sich stärker dem „Sein" zu. Dazwischen liegt Heideggers finsterste Phase: Er machte sich zum philosophischen Handlanger der Nazis, strich die Widmung für seinen jüdischstämmigen Lehrer **Edmund Husserl** (s. S. 70) aus *Sein und Zeit* und lieferte, stellvertretend für viele deutsche Intellektuelle, den schlagenden Beweis dafür ab, dass intellektuelle Brillanz und politische Dummheit Hand in Hand gehen können. Dies war jedoch erstaunlicherweise kein Hindernis dafür, dass er gerade von linksorientierten französischen Philosophen, von **Jean-Paul Sartre** (s. S. 74 f.) bis **Jacques Derrida** (s. S. 116), zum einflussreichsten Philosophen der Moderne und ***Postmoderne*** gemacht wurde.

Martin Heideggers (s. S. 72) *Sein und Zeit* ist das Hauptwerk der deutschen Existenzphilosophie. Das Buch blieb unvollständig: Ursprünglich wollte er zum **Sein** hinführen, von dem er glaubte, dass es seit Sokrates (s. Kapitel „Antike und Christentum", S. 7 ff.) und der Entstehung der europäischen Wissenschaft zunehmend aus dem Blick der Philosophie verschwunden sei. Als Brücke zum Sein sah er die menschliche **Existenz** an, die Heidegger „Dasein" nennt. Der Mensch ist für ihn ein besonderes Wesen, das aus der Natur herausragt (lat. *existere* = herausragen) und in dem, wie in einem Spiegel, die Wirklichkeit erst ans Licht kommt. Heideggers Buch ist ein Buch über den Menschen, über das „Dasein" geblieben. Es ist, im Anschluss an Edmund Husserl (s. S. 70), dem er *Sein und Zeit* widmete, eine Art „Phänomenologie der Existenz". In einer eigenwilligen und z.T. schwierigen Sprache legt Heidegger die Situation des Menschen dar. Der Mensch ist Teil eines Netzes, das ihn mit anderen Menschen und mit der Welt verbindet. Grundmerkmal des Daseins ist „Zeitlichkeit", die das Bewusstsein des künftigen Todes, aber auch das Bewusstsein der Offenheit des Lebens einschließt. Aufgabe des Menschen ist es nach Heidegger, seine Freiheit zu nutzen und sich durch eine Wahl von der bloßen Routine des Lebens zu lösen und zur „Eigentlichkeit", d. h. zu einem selbstbestimmten Leben zu kommen.

Die Pariser Existentialisten: ————————— *Kurzporträt*
Jean-Paul Sartre (1905–1980),
Simone de Beauvoir (1908–1986), **Albert Camus** (1913–1960)

Im Gegensatz zur deutschen *Existenzphilosophie* fand der französische Existentialismus nicht hinter Universitätsmauern statt. Sein Wirkungskreis war die Pariser Öffentlichkeit mit ihren Cafés, Theatern, Zeitungen und Straßendemonstrationen. Nicht nur mit ihren philosophischen Werken, sondern auch mit Zeitungsarti-

keln, Dramen und Romanen mischten sich die Pariser Existentialisten in die öffentliche Diskussion ein. Das Café de Flore, am linken Seineufer im Pariser Stadtteil St.-Germain-de-Prés gelegen,
wurde eines ihrer bevorzugten Treffpunkte. Mittelpunkt der dort
versammelten Schriftsteller, Künstler und Musiker waren zwei
ehemalige Eliteschüler und Gymnasiallehrer, Jean-Paul Sartre und
seine Freundin, Simone de Beauvoir. Der Algerienfranzose Albert
Camus, der dritte Große im Kreis der französischen Existentialisten, hielt sich etwas abseits und ging seinen eigenen Weg.

Sartre war ein ungemein produktiver Mensch, der bei einem
Deutschlandaufenthalt Hegel, Husserl und Heidegger studiert
hatte. Aus dieser Beschäftigung entstand *Das Sein und das
Nichts* (1943), sein erster großer Wurf. Für die Existentialisten
galt das Wort Friedrich Nietzsches (s. S. 61 u. 64): „Gott ist tot!".
Im Universum war eine leere Stelle entstanden, die Sartre als das
Nichts, Camus als das **Absurde** bezeichnete. Statt den Sinn der
Welt und des Lebens als Geschenk auf dem Silbertablett zu er-
warten, forderten die Existentialisten den Menschen auf, ihre
Freiheit zu nutzen und Sinn zu *machen*. Eine Hauptforderung der
Pariser Existentialisten an die Menschen war „Engagement" als
Folge einer Wahl und Entscheidung. Dies galt auch im politischen
Sinn. Vor allem Sartre unternahm den Versuch, Existentialismus
und Marxismus miteinander zu verbinden. Er betonte, dass wir immer den „Anderen" brauchen, um uns selbst erkennen und bestimmen zu können. Simone de Beauvoir übertrug in ihrem Hauptwerk *Das andere Geschlecht* (1949) die These von der Existenz
als freiem Entwurf auf die Situation der Frau, die in der Philosophie
immer zu kurz gekommen war. Für die erst 20 Jahre später entstandene gesellschaftliche Bewegung des **Feminismus** wurde das
Buch zur philosophischen Bibel.

Camus' Thema blieb, von seinem frühen Hauptwerk *Der Mythos
von Sisyphos* (1942) an, die Würde des Einzelnen im Anblick des
Absurden.

Philosophie in den Grenzen von Logik und Wissenschaft

Die Wege der Analytischen Philosophie

Einleitung

Ende des 19. und Anfang des 20. Jahrhunderts wuchs eine Generation von Philosophen heran, die in der Metaphysik und den großen Systemen der Philosophie eher „Dichtung" als „Wahrheit" sahen. Statt der suggestiven Bildersprache, wie sie z. B. die Lebens- und Existenzphilosophen (s. Kapitel „Frischer Wind in die Metaphysik", S. 66 ff.) in Deutschland und Frankreich bevorzugten, nahmen sie sich vor, die Philosophie von allem Geschwätz zu reinigen und sie zu einer empirischen, nachprüfbaren Wissenschaft zu machen, die den Naturwissenschaften auf Augenhöhe begegnen konnte. Vor allem die Logik und die Methoden der Mathematik waren ihnen dabei als Hilfsmittel willkommen. Nachdem sich in der *Logik* seit dem griechischen Philosophen Aristoteles (s. S. 12 ff.) nicht mehr viel getan hatte, wurde sie von dem deutschen Mathematiker **Gottlob Frege** (1848–1925) und den englischen Philosophen **Alfred North Whitehead** und **Bertrand Russell** (s. S. 79) mit ihrem *Principia Mathematica* (1910–1913) wieder flottgemacht. Logische Symbolsysteme und „Wahrheitstafeln" gehörten wieder zum unverzichtbaren Marschgepäck der Philosophen. Mit der Logik rückte auch **die Sprache** und **die Sprachkritik** als neu entdecktes Thema der Philosophie in den Blick. Den Metaphysikkritikern dämmerte es nämlich, dass unser

Denken sich in einem System von Zeichen bewegt: Dieses System ist die *Sprache*. Wer klares Denken will, muss dieses System durchschauen und es sich nutzbar machen können. Mit dieser **„Wende zur Sprache" (***linguistic turn***)** hatte die Philosophie sich einen neuen Weg durch den Dschungel der alten Erkenntnisfragen geschlagen. Für die Vertreter des *amerikanischen Pragmatismus* (s. S. 78 f.) war die Logik mehr als nur anspruchsvoller Denksport: Sie war „Wissenschaft von den allgemeinen Gesetzen der Zeichen". Sie war für den Philosophen das, was für den Maler die Farbenlehre war.

Für diese neue, von den Themen Sprache, Logik und Wissenschaftlichkeit geprägte philosophische Tradition bürgerte sich der Name *Analytische Philosophie* ein. Innerhalb der Analytischen Philosophie wurden aber ganz verschiedene Wege gegangen. Russell selbst war einer der ersten, die mit seiner Methode der Erkenntnis- und Sprachanalyse das Rasiermesser ansetzten, mit dem Unklarheiten und Überflüssigkeiten philosophischer Aussagen weggeschnitten werden sollten. Die unfreiwillige Programmschrift des *Logischen Positivismus* (s. S. 82 f.), der sich aus diesen Ansätzen entwickelte, lieferte **Ludwig Wittgenstein** (s. S. 80 f.) mit seinem ebenso einflussreichen wie rätselhaften Werk *Tractatus logico-philosophicus* (1921, s. S. 81 f.). Philosophie sollte Wissenschaft und Nicht-Wissenschaft klar voneinander „abgrenzen" und selbst auf das beschränkt sein, was sich „sinnvoll" sagen lässt. Seine Geburt als philosophische Richtung erlebte der Logische Positivismus in der als **„Wiener Kreis"** bekannt gewordenen Gruppe von Philosophen und Wissenschaftlern, die die von Russell und Wittgenstein gegebenen Vorlagen aufnahmen.

Ein von dieser Gruppe etwas verschmähter Einzelgänger, **Karl Popper**, machte mit seiner Forderung, wissenschaftliche Theorien müssten sich nicht in der Erfahrung bestätigen, sondern widerlegen lassen, die Kritik zum Motor der Erkenntnis und des Handelns. Der von Popper begründete *Kritische Rationalismus* (s. S. 86 f.) spielte auch in der politischen und Sozialphilosophie (s. Kapitel „Vernünftiges Handeln im Kampf der Ideologien", S. 91 ff.) eine wichtige Rolle.

Mit der Frage nach „sinnvollen" und „sinnlosen" Sätzen oder philosophischen Problemen begann eine Diskussion, die das gesamte 20. Jahrhundert andauerte. Das Verhältnis von Sprache und Wirklichkeit und insbesondere die Frage, ob man die Wirklichkeit besser mit einer logisch konstruierten Idealsprache oder mit den Mitteln der Alltagssprache zu Leibe rücken sollte, war sowohl eines der zentralen Themen des Logischen Positivismus als auch der so genannten *Sprachanalytischen Philosophie*.

Am Ende des 20. Jahrhunderts erging es der Analytischen Philosophie jedoch wie dem Hasen, der glaubte, den Igel weit hinter sich gelassen zu haben und ihn überraschenderweise am Ziel schon wartend vorfand. Nachdem man schon lange den Abschied von der Metaphysik verkündet hatte, tauchte der alte Quälgeist plötzlich wieder auf: Mit ihrer Debatte um die Rolle des menschlichen Bewusstseins und des Geistes (s. S. 89 f.) erstand eine neue/alte metaphysische Debatte mitten unter den Metaphysikkritikern.

(s. Kapitel „Vernünftiges Handeln im Kampf der Ideologien", S. 91 ff.)
(s. S. 89 f.)

PHILOSOPHISCHES STICHWORT
Der amerikanische Pragmatismus

Nach dem Transzendentalismus war der Pragmatismus der zweite bedeutende amerikanische Beitrag zur westlichen Philosophie. Im Alltag meinen wir mit Pragmatismus eine Haltung, die sich auf die Gegebenheiten einstellt. Die Vertreter des philosophischen Pragmatismus verwendeten diesen Begriff in einem viel weiter gehenden Sinn. Sie machten die Alltagsfrage: „Wozu ist etwas gut?", zur philosophischen Frage schlechthin. So untersuchte z. B. **Charles Sanders Peirce** (1839–1914), welche Art von Werkzeug die **Logik als Zeichensystem** für unser Denken eigentlich ist. **John Dewey** (1859–1952) nahm sich u. a. die Erziehung und die

Kunst vor und untersuchte ihren Nutzen für die menschliche Selbstverwirklichung.

Die Programmschrift des amerikanischen Pragmatismus lieferte **William James** (1842–1910), der Bruder des Romanciers Henry James, mit seiner als Buch publizierten Vorlesungsreihe *Pragmatismus* (1907). Der Pragmatismus, so schreibt James, ist eine Methode, die immer danach fragt, welche praktischen Konsequenzen etwas hat. Mit ihr wurde einer der ersten Angriffe gegen die traditionelle Metaphysik und ihre Suche nach dem „Wesen" der Dinge geführt.

Kurzporträt ——————— **Bertrand Russell** (1872–1970)
Lord, Logiker und Radikaler

Kaum ein Philosoph war je der Welt so intensiv zugewandt wie Bertrand Russell. In den knapp 100 Jahren, die er lebte, war er viermal verheiratet, hatte zahlreiche Liebschaften, lehrte auf mehreren Kontinenten und blieb bis zu seinem Lebensende ein öffentlich und sozialkritisch engagierter Bürger. Der aus einem der angesehensten britischen Adelsgeschlechter stammende Russell kandidierte für ein Abgeordnetenmandat im britischen Unterhaus, wurde aber auch im letzten Jahr des 1. Weltkriegs wegen seiner pazifistischen Ansichten inhaftiert. Für sein Buch *Ehe und Moral* (1929), in dem er für freie Liebe und unkonventionelle Partnerschaften eintrat, erhielt er 1950 den Literaturnobelpreis. In den 60er Jahren rief er die „Vietnam-Tribunale" ins Leben, die die amerikanische Kriegsführung in Vietnam kritisierten.

Auch in der Philosophie tanzte er auf allen Hochzeiten. Als Mitbegründer der **mathematischen Logik** war er einer der ersten, die der traditionellen Metaphysik den Laufpass gaben und eine Philosophie mit logischem Gesicht forderten. Russell war für alle Richtungen der **Analytischen Philosophie** ein Leitwolf und großer Anreger. Er war es, der mit seinem *Logischen Atomismus* die „Analyse" gegen die metaphysische Spekulation setzte. Mit seinem Vorgehen, die Wirklichkeit auf elementare Fakten (*atomic facts*) und die Sprache auf Elementarsätze (*atomic propositions*) hin zu untersuchen, beeinflusste er den jungen **Ludwig Wittgenstein** (s. S. 80 f.), aber auch den *Logischen Positivismus* (s. S. 82 f.) und die **Sprachanalytische Philosophie**. Aber Russell setzte sich auch mit politischer Philosophie, mit dem Christentum und dem Glück auseinander. Seine **Philosophie des Abendlandes** (1945) ist bis heute ein philosophiegeschichtliches Standardwerk. Mit seiner Mischung aus messerscharfer Logik und spontaner Begeisterungsfähigkeit war er ein leuchtendes Gegenstück zu den beamteten Wasserleichen, die den Weg der akademischen Philosophie säumen.

Ludwig Wittgenstein (1889–1951) ———
Das zerrissene Genie

Dass Ludwig Wittgenstein ein Genie war, darin stimmen die meisten der Zeitgenossen, die ihn kannten, überein. Im Universitätsmilieu von Cambridge, wo er einen großen Teil seines erwachsenen Lebens verbrachte, wurde er auch zuweilen, in einer Mischung aus Ehrfurcht und Spott, „Gott" genannt. Einfach im Umgang war er nicht: Er knallte Türen, schmollte und konnte mit dem unter englischen Akademikern gepflegten Smalltalk bei Kaffee und Portwein nicht viel anfangen. Er war ein zerrissenes Genie, immer von Selbstmordgedanken und Aussteigerfantasien geplagt. In Krisen zog er sich in ein einsames Holzhaus an einem norwegischen Fjord zurück. In den frühen 20er Jahren verließ er die Universität für sechs Jahre und verdingte sich als Klostergärtner und Volksschullehrer.

Der aus einer wohlhabenden Wiener Industriellenfamilie stammende Wittgenstein war ein Multitalent: Er musizierte, entwarf als Architekt seiner Schwester ein Haus und absolvierte ein Ingenieurstudium in Berlin und Manchester, bevor er sich entschloss, bei Bertrand Russell (s. S. 79) in Cambridge Philosophie zu studieren. Mit seinem Frühwerk **Tractatus logico-philosophicus** (1921) machte er sich mit einem Schlag zum Star der neuen metaphysikkritischen Philosophie. Besonders die Anhänger des **Wiener Kreises** und des **Logischen Positivismus** (s. S. 82 f.) verehrten ihn als Vordenker.

Doch dies war eines der fruchtbarsten Missverständnisse in der Philosophie des 20. Jahrhunderts. Denn einen Satz aus dem *Tractatus* hatte man entweder überlesen oder zu wenig beachtet: „Wir fühlen, dass selbst, wenn alle *möglichen* wissenschaftlichen Fragen beantwortet sind, unsere Lebensprobleme noch gar nicht berührt sind." Diese wahren Lebensprobleme waren: Gott und der Sinn des Lebens. Unter der Tarnkappe des Logikers Wittgenstein verbarg sich ein religiös-mystischer Sinnsucher. Kaum jemand hat die rationalen Ansprüche der Philosophie so abgewertet wie er. Wenn es am Ende des *Tractatus* heißt: „Worüber man nicht sprechen kann, darüber muss man schweigen", so bedeutete dies für ihn: Über metaphysische Probleme zu schreiben und zu sprechen ist sinnlos, da ihre Lösung für die Philosophie unerreichbar ist. Sie öffnen sich erst im „Zeigen", einem jenseits der Sprache sich vollziehenden Vorgang.

PHILOSOPHISCHES STICHWORT
Tractatus logico-philosphicus (1921)/
Philosophische Untersuchungen (1953)

Mit jedem seiner beiden Hauptwerke hat Ludwig Wittgenstein (s. S. 80) der Philosophie des 20. Jahrhunderts einen neuen Anstoß gegeben.

Der aus einzelnen Ober- und Unterthesen bestehende *Tractatus logico-philosophicus* beschränkt den Gegenstandsbereich der Philosophie auf das „Sagbare", und das sind immer „Tatsachen". Zwischen einer sinnvollen, logisch konstruierten Sprache und der Welt besteht ein Abbildverhältnis: Sinnvolle Sätze sind Abbilder von Tatsachen. So ist auch die Bedeutung eines Begriffs durch das definiert, was er in der Welt abbildet. Eine Sprache, die von Einhörnern, moralischen Werten oder transzendenten Welten spricht, überschreitet ihre Befugnisse. Mit dieser so genannten **Bildtheorie** steht der *Tractatus* in dem Streit zwischen *Idealsprache* und *Alltagssprache* (s. S. 87 f.) also auf der Seite der Idealsprache. Eine solche zu konstruieren, nahm sich der **Wiener Kreis** und der von ihm vertretene *Logische Positivismus* (s. S. 82 f.) vor.

Um das Verhältnis von Sprache und Wirklichkeit geht es auch in den *Philosophischen Untersuchungen*. Doch hier hat Wittgenstein den Glauben an die logisch konstruierte Idealsprache aufgegeben. Stattdessen geht er hier von vielen **Sprachspielen** aus, in denen jeweils eine andere Weltsicht zum Ausdruck kommt. Wie wir einen Zug im Schachspiel erst verstehen, wenn wir die Regeln des Spiels kennen, so erschließt sich uns die Bedeutung sprachlicher Ausdrücke erst dann, wenn wir ihren „Gebrauch" verstehen, d. h. die Regeln des Sprachspiels kennen, zu dem es gehört. Es gibt keine einheitliche „Bedeutung" eines Begriffs, sondern nur „Familienähnlichkeiten" zwischen den verschiedenen Arten des Gebrauchs. Folge: So viele Sprachspiele es gibt, so viele Welten und Weltsichten gibt es auch.

Im Gegensatz zu Wittgensteins Frühwerk stehen die *Philosophischen Untersuchungen* ganz auf der Seite der Alltagssprache (s. S. 87 f.).

PHILOSOPHISCHES STICHWORT
Wiener Kreis und Logischer Positivismus

Manchmal führt die Geschichte eine Reihe hochbegabter Leute am selben Ort zusammen, die sich in einem gemeinsamen Projekt verbunden fühlen und dann die Erfahrung machen, dass sie durch Auseinandersetzung und Diskussion weiter kommen als alleine. Solche Diskussionsrunden sind ein Glücksfall für die Philosophiegeschichte. Ein solcher Glücksfall war der Wiener Kreis, der nicht nur aus Philosophen, sondern auch aus Mathematikern und Naturwissenschaftlern bestand und die österreichische Hauptstadt in der ersten Hälfte des 20. Jahrhunderts zu einem Zentrum der Philosophie machte. **Moritz Schlick** (1882–1936) hatte die sozialen Fäden des Wiener Kreises in der Hand, **Rudolf Carnap** (1891–1970) war ihr scharfsinnigster Kopf.

Philosophische Paten des Wiener Kreises waren der österreichische Empirist **Ernst Mach** (1838–1916), **Bertrand Russell** (s. S. 79) und **Ludwig Wittgenstein** (s. S. 80). Schlick wurde zum glühenden Verehrer Ludwig Wittgensteins und dessen *Tractatus logico-philosophicus* (s. S. 81). Den dort formulierten Satz: „Worüber man nicht sprechen kann, darüber muss man schweigen", fasste er als Aufforderung auf, sich nur noch mit Problemen zu befassen, die sich in einer logisch rein gewaschenen Sprache sagen ließen.

Die vom Wiener Kreis ausgebrütete neue Hausphilosophie nannte sich **Logischer Positivismus**, zuweilen auch **Logischer Empirismus**. Er war sozusagen die zweite Auflage des **Positivismus**. Für die erste war Mitte des 19. Jahrhunderts der Franzose **Auguste Comte** (1798–1857) verantwortlich. Dieser Positivismus der ersten Generation orientierte sich an den neu entstandenen Naturwissenschaften und vertrat die These, dass nur das Erkenntnis genannt werden kann, was „positiv", d. h. im Wortsinn empirisch „gegeben" ist. Dieses Programm, die Philosophie auf eine wissenschaftliche Grundlage zu stellen, sollte nun mit Hilfe der Logik und Mathematik erneuert und die Spinnweben der Metaphysik endgültig ausgekehrt werden.

Der Wiener Kreis verfolgte ein zentrales Projekt: Er wollte die Philosophie auf „sinnvolle" Sätze beschränken und diskutierte über ein „Sinnkriterium"; mit diesem wollte er auch Wissenschaft von Nicht-Wissenschaft unterschieden. Alles konzentrierte sich dabei auf die Definition eines „Verifikationsprinzips", eines Verfahrens, mit dem man die „Wahrheit" von Sätzen und Theorien nachweisen konnte. Was nicht verifiziert oder logisch definiert werden konnte, war in Carnaps Worten ein „Scheinproblem".

In den 20er und 30er Jahren pilgerten hochbegabte Philosophen aus aller Welt nach Wien und brachten später die Frohe Botschaft einer neuen wissenschaftlichen Philosophie in ihre Heimatländer. **Alfred J. Ayer** (1910–1989) wurde zum Apostel des Logischen Positivismus in England. **Willard van Orman Quine** (s. S. 88) transportierte ihn in die USA.

PHILOSOPHISCHE DEBATTE
„Wissenschaftlich" fundierte Philosophie?

Die Bemühungen um eine wissenschaftlich fundierte Philosophie führten zwangsläufig zu der Frage: Wann kann eine Theorie eigentlich den Anspruch erheben, „wissenschaftlich" zu sein? Sie muss, so war noch am Anfang des 20. Jahrhunderts die selbstverständlich akzeptierte Meinung,

„wahr" und „beweisbar" sein. Doch wann ist ein Satz oder eine Theorie als „wahr" nachgewiesen, oder, wie die Profi-Logiker sagten, „verifiziert"? Dies waren die Fragen, die in der Denkwerkstatt des **Wiener Kreises** (s. S. 82 f.) im Vordergrund standen. Eine Voraussetzung für Wahrheit und Wissenschaftlichkeit war natürlich, dass es keine logischen Widersprüche gab. Eine Theorie, in der Sätze einander widersprechen oder in der Sätze weder wahr noch falsch sein konnten, schied von vornherein aus. Doch das reichte nicht, weil die Wissenschaften ja unser Wissen über die Welt erweitern wollen. Nehmen wir den Satz „Alle Schwäne sind weiß". Diese Aussage kann nach Meinung des Wiener Kreises dann als wahr gelten, wenn man so viele Beweise gesammelt hat, dass man vom Einzelfall auf ein allgemeines Gesetz schließen kann. Dieses Verfahren nennt man „Induktion". Was ist aber ein Beweis? Hier suchten die Wiener Neopositivisten nach genau beobachtbaren Fakten. Diese konnte man in Elementarsätzen wie „Dieser Schwan ist weiß" „protokollieren". Diese so genannten Protokollsätze ergaben den letzten Beweis für Wahrheit; sie „verifizierten" eine Theorie. Wissenschaftlich war also eine Theorie, die auf **Logik und Protokollsätzen** beruhte.

Dem trat **Karl Popper** (s. S. 96) in seinem Buch *Logik der Forschung* entgegen. Wir können noch so viele Protokollsätze sammeln, so Popper, nie werden wir eine Theorie letztgültig beweisen. Wie der Empirist und Aufklärungsphilosoph David Hume (s. Kapitel „Die Philosophie der frühen Neuzeit …", S. 17 ff.) wies Popper darauf hin, dass wir nie die Existenz eines schwarzen Schwans, d. h. eines nachweisbaren Gegenbeispiels, ausschließen können. Wir müssen den gesamten Anspruch auf Verifizierung, auf den Nachweis von Wahrheit, fallen lassen. Die Wissenschaftlichkeit einer Theorie kann nicht von ihrer Wahrheit abhängig gemacht werden. Umgekehrt wird nach Popper eher ein Schuh draus. Wir gehen nicht induktiv vor, sondern „deduktiv", vom Allgemeinen zum Besonderen, und zwar nicht mit dem Ziel, die Wahrheit, sondern die Falschheit einer Theorie nachzuweisen. Wir basteln eine plausible Theorie und versuchen dann, sie zu „falsifizieren". Wir müssen also nach schwarzen Schwänen fahnden. Finden wir den schwarzen Schwan, ändern wir unsere Hypothese, z. B. in „Alle Schwäne sind entweder weiß oder schwarz". Mit seinem Hauptwerk wurde Popper zum Begründer der modernen **Wissenschaftstheorie**.

Willard v.O. Quine (s. S. 88 f.) folgte Popper darin, dass sich eine wissenschaftliche Theorie nicht als wahr, sondern nur als falsch beweisen lässt und dass wir uns der „wahren" Theorie nur schrittweise annähern können. Was aber tun, wenn dieselben Tatsachen sich durch verschiedene Theorien erklären lassen? Quine entscheidet sich hier „pragmatisch" für die einfachere Theorie, die Theorie also, die mit den wenigsten Erläuterungen und Erklärungen auskommt.

Auch ehemalige Popper-Schüler hatten gegen die Wissenschaftstheorie des Meisters noch Einwände. Der Amerikaner **Thomas S. Kuhn** (1922–1996) wies in seinem Buch *Die Struktur wissenschaftlicher Revolutionen* (1962) darauf hin, dass wir noch lange nicht unsere Theorie ändern, wenn wir *ein* Gegenbeispiel finden, sondern erst dann, wenn die Gegenbeweise erdrückend sind und die Meinung im Wissenschaftsbetrieb kippt. Dies nennt er „Paradigmenwechsel", zu deutsch: Ich setze auf ein anderes theoretisches Pferd.

Ein noch viel radikalerer Popper-Kritiker war sein ehemaliger Schüler **Paul Feyerabend** (1924–1994, s. Kapitel „Neue Wege der Philosophie", S. 108 ff.), der „Judas" unter den *Kritischen Rationalisten* (s. S. 86 f.). Zu Wahrheit und Erkenntnis, so Feyerabend, kann es viele verschiedene Wege geben. Feyerabend plädiert in seinem Buch *Wider den Methodenzwang* (1975) für eine „anarchistische" **Wissenschafts- und Erkenntnistheorie** unter dem Motto *Anything goes*: Alles ist möglich. Damit erschloss er sich einen neuen Freundeskreis: die Philosophen der **Postmoderne** (s. Kapitel „Neue Wege der Philosophie", S. 108 ff.).

Karl Raimund Popper (1902–1994) und der Kritische Rationalismus

Der klein gewachsene, aber sehr selbstbewusste Wiener Lehrer Karl Popper war überzeugt, das Kriterium gefunden zu haben, mit dem der Wiener Kreis wissenschaftliche Theorien von unwissenschaftlichen Theorien unterscheiden wollte. Meister Popper schlug vor, die Suche nach der „Wahrheit" einer Theorie als hoffnungslos aufzugeben und empfahl den umgekehrten Weg: Eine Theorie ist dann wissenschaftlich, wenn sie durch Erfahrung widerlegt werden kann. Wenn wir uns der Wahrheit annähern wollen, müssen wir unsere Hypothesen durch Widerlegungen verbessern. Diese Erkenntnisse erschienen später in gekürzter Form unter dem Titel *Logik der Forschung* (1935) und sollten die moderne **Wissenschaftstheorie** begründen. Doch Moritz Schlick, der Oberindianer des **Wiener Kreises**, ignorierte den jungen Mann, obwohl dieser bei ihm seine Doktorprüfung abgelegt hatte. Nicht ohne Genugtuung behauptete Popper später, als er Professor in London war und seine Berühmtheit die Schlicks bei weitem überstieg, den Wiener Kreis und dem von ihm begründeten *Logischen Positivismus* (s. S. 82 f.) philosophisch zur Strecke gebracht zu haben.

In einem teilte Popper jedoch das Schicksal der Mitglieder des Wiener Kreises: Die Nazi-Barbarei traf sie alle gleichermaßen und zwang sie zur Emigration. Wie seine Wiener Kontrahenten war auch Popper ein überzeugter Gegner des **Totalitarismus** (s. Kapitel „Vernünftiges Handeln im Kampf der Ideologien" S. 91 ff.) und wurde dafür 1964 von der englischen Königin zum Ritter geschlagen.

Mit dem Prinzip „kritische Überprüfung" als Motor des Erkennens und Handelns hisste Popper die Fahne des von ihm selbst so genannten *Kritischen Rationalismus*, unter der sich nach dem Zweiten Weltkrieg seine philosophische Gefolgschaft versammelte. In der Tradition der „kritischen" Aufklärungsphilosophie **Immanuel Kants** (s. Kapitel „Die Philosophie der frühen Neuzeit …" S. 17 ff.) versteht sich der Kritische Rationalismus sowohl als Theorie der wissenschaftlichen Erkenntnis, des politischen Handelns und als generelle philosophische Haltung. Demnach entsteht Fortschritt in Wissenschaft und Politik dadurch, dass die menschliche Vernunft Projekte, Theorie und Hypothesen entwirft und sie einer ständigen kritischen Korrektur aussetzt. Der Statthalter des Kritischen Rationalismus in Deutschland, **Hans Albert** (geb. 1921), sieht in ihm den „Entwurf einer Lebensweise", die über die Philosophie im engeren Sinne hinausgreift.

Popper selbst, persönlich äußerst selbstbewusst, mimte philosophisch den Bescheidenen. Der selbst ernannte Terminator des Wiener Kreises nahm als sein persönliches Motto den Satz des **Sokrates** (s. Kapitel „Antike und Christentum", S. 7 ff.) „Ich weiß, dass ich nichts weiß" an. Doch das nahm ihm niemand so richtig ab.

PHILOSOPHISCHE DEBATTE
Welches ist die Sprache der Philosophie:
Alltagssprache oder Idealsprache?

Wer mit den metaphysischen Spekulationen aufräumen will, muss die Unklarheiten und Mehrdeutigkeiten beseitigen, die unsere Sprache produziert. Darin waren sich alle Vertreter der *Analytischen Philosophie* einig. Doch über den einzuschlagenden Weg gab es zwei unterschiedliche Meinungen: Die erste plädierte für einen sauberen Schnitt. Die Befürworter einer **Idealsprache** wollten eine keimfreie, logisch eindeutige Sprache und damit ein zuverlässiges philosophisches Erkenntnisinstrument. Im Anschluss an Wittgensteins *Tractatus logico-philosophicus* (1921) wurde diese Position vor allem vom **Wiener Kreis** und dem *Logischen Positivismus* (s. S. 82 f.) vertreten. Ein Hauptwerk dieser Richtung ist **Rudolf Carnaps** (1891–1970) *Der Logische Aufbau der Welt* (1928).

Was wir hiermit bekommen, so argumentierten hingegen die Vertreter der anderen Fraktion, ist nur ein reduziertes Bild der Wirklichkeit. Wenn wir die Wirklichkeit in ihren verschiedenen Facetten verstehen wollen, müssen wir eine logische Analyse der Alltagssprache betreiben. Wir müssen uns auf die Komplexität der Sprache einlassen. Diese im Anschluss an Wittgensteins *Philosophische Untersuchungen* (1953, s. S. 81 f.) entwickelte Richtung fand ihr Zentrum in Oxford und nannte sich wahlweise *Sprachanalytische Philosophie, Ordinary Language Philosophy* oder schlicht *Oxford Philosophie*. Ihre Vertreter, wie **Gilbert Ryle** (1900–1976) oder **John L. Austin** (1911–1960) entwickelten die Klärung von Begriffsinhalten zu dem im Oxford der 40er und 50er Jahre beliebtesten philosophischen Gesellschaftsspiel: Wer eine philosophische Behauptung aufstellt, wurde sofort mit der Frage konfrontiert: „Was meinst du damit? Was verstehst du darunter?"

Willard van Orman Quine (1908–2000) ———— *Kurzporträt*

Die wilde Zeit seiner philosophischen Entwicklung erlebte der junge Doktorand der Harvard-Universität, als er 1932 nach Europa aufbrach und dort in Wien, Prag und Warschau an den Diskussionen des **Wiener Kreises** (s. S. 82 f.) teilnehmen konnte. Von dort nahm er nicht nur eine Menge Anregungen, sondern auch lebenslange freundschaftliche Verbindungen mit, so mit Rudolf Carnap, der damals in Prag lehrte und später in die USA emigrierte.

Quine, der bei dem Metaphysiker Alfred North Whitehead promoviert hatte, war nicht nur ein gewiefter Kenner der **Logik**, sondern er verlor auch die alte Frage nach Möglichkeiten und Grenzen unserer Welterkenntnis nie aus den Augen. In seinem Hauptwerk *Wort und Gegenstand* (1960) vertritt er die These, dass die Wahrheit von Sätzen weder durch die Erfahrung noch durch die logische Struktur verbürgt sei. In Anlehnung an den amerikanischen Pragmatismus (s. S. 78 f.) macht Quine die Bedeutung von Begriffen und die Wahrheit von Sätzen von dem Weltbild und dem sozialen Zusammenhang abhängig, in dem sie benutzt werden.

Doch neben der ganzen Theorie und Logik saß dem vielleicht wichtigsten amerikanischen Philosophen des 20. Jahrhunderts auch der Schalk im Nacken. Den Harry-Belafonte-Song *From a Logical Point of View* machte der Jazzfan Quine kurzerhand zum Titel einer seiner bekanntesten Aufsatzsammlungen.

Geist, wer bist du? Materie und Bewusstsein

Der Bereich des Geistes als einer von Körper und Materie unabhängigen Sphäre war immer ein Lieblingskind der traditionellen Metaphysik. Für die Analytiker war es ein Kuckucksei, das sich die Philosophie selbst ins Nest gesetzt hat. Den schärfsten Angriff gegen die Meinung, der Körper beherberge einen von ihm unabhängigen Geist (z. B. auch in der Form Leib–Seele), führte **Gilbert Ryle** (1900–1976) in seinem Buch *Der Begriff des Geistes* (1949). Für ihn war diese Vorstellung von einem „Gespenst in der Maschine" ein Hokuspokus, zu dem uns unser Gebrauch der Sprache verführt. Was wir Intelligenz oder geistige Fähigkeiten nennen, ist nichts anderes als ein in der Praxis eingeübtes Können. Das Gespenst wurde in den Keller gesteckt und aussortiert. In den letzten Jahrzehnten des 20. Jahrhunderts entstand aber etwas, dass es eigentlich nicht hätte geben dürfen: eine **analytische Metaphysik**, die sich unauffällig *philosophy of the mind*, Philosophie des „Geistes" bzw. des „Bewusstseins", nannte. Analytisch blieb sie, weil sie die Frage nach der Identität des Gespenstes in enger Anlehnung an die Wissenschaften beantworten wollte.

Karl R. Popper (s. S. 96), schon immer ein Quergeist innerhalb der analytischen Tradition, holte das Gespenst wieder aus dem Keller. In seinem Alterswerk *Das Ich und sein Gehirn* (1977) entwickelt er seine **3-Welten-Theorie**: Welt 1 ist die physikalische Welt, Welt 2 die durch die Evolution entstandene Welt des menschlichen Bewusstseins, die wiederum Welt 3 hervorbringt, die Welt der unabhängig existierenden geistigen und kulturellen Inhalte.

Die Amerikaner blieben skeptischer. **Willard v. O. Quine** (s. S. 88) z. B. lehnte eine solche unabhängige Welt 3 ab: Für ihn waren alle geistige Vorgänge aus physikalischen Vorgängen ableitbar. Sein **Physikalismus** interpretierte z. B. Bewusstseinsprozesse als Gehirnzustände. Ein Schüler Quines und einer der neuen Stars der amerikanischen Philosophie, **Hilary Putnam** (geb. 1926), sah dies zunächst ähnlich. Er machte den Vorschlag, man könne den Geist von seiner Funktion her begreifen: Geist und Körper verhielten sich wie die Software zur Hardware. Doch davon rückte er wieder ab. Denn wer programmiert uns? Ein philosophisches Problem auch für das nächste Jahrhundert …

Vernünftiges Handeln im Kampf der Ideologien

Neomarxismus, Neoliberalismus, Kommunitarismus und Diskursethik

Einleitung

Im 20. Jahrhundert wurde die politische Philosophie zur Waffe in weltpolitischen Konflikten. Die im 19. Jahrhundert entstandenen politischen Weltanschauungen des **Sozialismus** und **Liberalismus** wurden dazu benutzt, Frontstellungen und Machtansprüche in zwei Weltkriegen, in Revolutionen, Bürgerkriegen und im so genannten Kalten Krieg zu rechtfertigen. Zwei sehr unterschiedliche Blickwinkel in diesem „Kampf der Ideologien" bildeten sich heraus: Aus Sicht des Marxismus kämpfte der Sozialismus gegen den Kapitalismus, der sich in seiner milden Form der bürgerlichen Demokratie und in seiner radikalen Form des Faschismus bediente. Für den Liberalismus fand der Kampf zwischen der freiheitlichen westlichen Demokratie und der totalitären (s. S. 96 f.) Diktatur statt, die in den zwei Formen des Kommunismus und des Faschismus auftrat.

In diesem ideologischen Wettstreit versuchten aber auch Vertreter beider Richtungen, der Kritik und Vernunft unabhängig von den politischen Grabenkämpfen wieder Geltung zu verschaffen. Dabei erhielten sowohl der Marxismus als auch der Liberalismus ein neues philosophisches Gesicht. In der zweiten Hälfte des 20. Jahrhunderts kam es zu einer gegenseitigen Annäherung.

Mit der Russischen Revolution 1917 war der Marxismus in Gestalt des „Marxismus-Leninismus" zum ersten Mal zu einer Art offiziellen Staatsphilosophie geworden. Doch damit begann auch ein Prozess der dogmatischen Erstarrung. Als Reaktion darauf versuchten Vertreter des **Neomarxismus** wie **Ernst Bloch**, **Georg Lukács** (s. rechts) oder die **Frankfurter Schule** (s. S. 98 ff.), den Marxismus philosophisch wieder attraktiver und fit für das 20. Jahrhundert zu machen. An der Absicht, die „bürgerliche" Demokratie, den Kapitalismus und die Herrschaft des Privateigentums grundsätzlich zu überwinden, hielt man jedoch fest.

Die Diktaturen Hitlers und Stalins vor Augen, übten neoliberale Denker wie **Karl R. Popper** (s. S. 96, s. auch Kapitel „Philosophie in den Grenzen von Logik und Wissenschaft", S. 76 ff.) und **Hannah Arendt** (s. S. 96) eine grundsätzliche Kritik sowohl am Marxismus als auch am Faschismus. Beides waren für sie Spielarten des **Totalitarismus** (s. S. 96 f.), dem sie vorwarfen, den einzelnen Bürger „total", bis in die privatesten Lebensbereiche hinein, zu entmündigen. In der Debatte zwischen marxistischer Utopie und schrittweiser Reform stellten sie sich klar auf die Seite der Reform und der so genannten **Offenen Gesellschaft**.

Nach dem Zweiten Weltkrieg begann politisch der Siegeszug der liberalen Demokratie, die sich in den Wendejahren 1989/90 auch in Osteuropa durchsetzte. Dennoch hatte auch bei liberalen Philosophen die Forderung des Marxismus nach sozialer Gerechtigkeit inzwischen ihre Spuren hinterlassen. Um Freiheit und Gerechtigkeit zu vereinbaren, griff der Amerikaner **John Rawls** (s. S. 104) in seiner *Theorie der Gerechtigkeit* (s. S. 105 f.) wieder auf das in der Aufklärung (s. Kapitel „Die Philosophie der frühen Neuzeit …"; S. 17 ff.) entwickelte Modell eines **Gesellschaftsvertrags** zurück, nach dem Rechte und Pflichten in einer Gesellschaft durch die Vorstellung eines Vertrags gerechtfertigt werden können, der zwischen den Bürgern abgeschlossen wird. Andere amerikanische Philosophen, wie die so genannten **Kommunitaristen** (s. S. 106 f.), stützten sich sogar wieder auf den griechischen

Philosophen Aristoteles (s. Kapitel „Antike und Christentum", S. 7 ff.), um Kritik am Individualismus und Egoismus der westlichen Gesellschaften zu üben und den Gemeinschaftstugenden wieder mehr Geltung zu verschaffen.

Mit John Rawls hatte auch wieder eine Erneuerung der Moralphilosophie begonnen, die in der Tradition der Aufklärung nach allgemein, also „universal" geltenden Grundregeln des Zusammenlebens suchte. Dies richtete sich gegen die marxistische Ansicht, dass es keine universale Moral geben könne, da jede Moral als „Klassenmoral" immer abhängig von den Interessen der herrschenden Klasse blieb. Auch in Deutschland feierte die Moralphilosophie der Aufklärung in der *Diskursethik* (s. S. 102) eine Renaissance. Im Anschluss an die Ethik Immanuel Kants (s. Kapitel „Die Philosophie der frühen Neuzeit …", S. 17 ff.) fahndete man nach einem neuen, auf der Vernunft begründeten Moralprinzip. **Jürgen Habermas** (s. S. 101), der ehemalige Vertreter der neomarxistischen Frankfurter Schule und prominenteste Diskursethiker, verkörpert in seiner Person die neue Annäherung westlicher Marxisten an Positionen des Liberalismus.

Kurzporträt ──────────────────── **Marxismus aufgepeppt: Georg Lukács** (1885–1971) **und Ernst Bloch** (1885–1977)

Beide waren hochgebildete Privatgelehrte und von den Vertretern des staatsoffiziellen Marxismus nicht immer wohl gelitten. Und beide griffen auf die Philosophie des Ober-Idealisten Georg Friedrich Wilhelm Hegel (s. Kapitel „Die Meisterdenker und das Absolute", S. 37 ff.) zurück, um den Marxismus vor Dogmatismus zu bewahren. Doch taten sie dies auf sehr unterschiedliche Weise. Obwohl sie politisch im selben Lager standen, begriffen sie sich ihr Leben lang als Rivalen.

Georg Lukács, der Budapester Ästhet und Bildungsbürger, kramte in seinem Hauptwerk *Geschichte und Klassenbewusstsein* (1923) aus der philosophischen Kiste Hegels den Begriff „Totalität" wieder aus. Mit ihm wollte er darauf hinweisen, dass das richtige, „proletarische" Klassenbewusstsein nur entstehen kann, wenn möglichst alle Faktoren der Wirklichkeit berücksichtigt werden.

Lukacs' gilt auch als der Vater der marxistischen Ästhetik. Seine Vorliebe galt der „realistischen" Kunst, die wie die Romane Tolstois oder Thomas Manns die Wirklichkeit „widerspiegelte". An die experimentelle Kunst der Moderne hingegen richtete er den Vorwurf des „Formalismus".

Ganz im Gegensatz zu seinem Genossen Ernst Bloch. Blochs Liebe zum Expressionismus färbte auch auf seine eigene, z. T. sehr ungewöhnliche und dichterische Sprache ab. Unter den Marxisten war er der Prophet der **Utopie**: An die Stelle des Paradieses setzte er die irdische klassenlose Gesellschaft. In Geschichte, Kunst und Philosophie spürte er dem *Geist der Utopie* (1918) und dem *Prinzip Hoffnung* (1954–59) nach, wie zwei seiner Hauptwerke hießen. Hegels Gedanke, dass die Wirklichkeit sich in einer unaufhörlichen Entwicklung befindet, interpretierte er als eine Aufforderung zur ständigen Veränderung.

Systemkritik, Utopie oder „piecemeal-engineering"?

Für die Philosophen in der Tradition des *Marxismus* war auch im 20. Jahrhundert die alte Debatte zwischen „Reform oder Revolution" (s. Kapitel „Freiheit und soziale Gerechtigkeit", S. 45) noch lange nicht beendet. Doch musste man sich mit zwei neuen Gegebenheiten auseinander setzen: Es gab einerseits nun Gesellschaften, die sich „sozialistisch" nannten, aber kein sehr glänzendes Bild abgaben; andererseits war der Kapitalismus, vor allem in der zweiten Jahrhunderthälfte, auf unangenehme Art erfolgreich. Dennoch hielt man daran fest, was **Theodor Adorno** (1903–1969), ein Hauptvertreter der *Frankfurter Schule* (s. S. 98 ff.), in den Satz kleidete: „Es gibt kein wahres Leben im Falschen." Sollte heißen: Geht es dir auch noch so gut – wenn du in der falschen Gesellschaftsordnung, nämlich im von Ausbeutung und Klassengegensätzen geprägten Kapitalismus lebst, so ist doch alles nichts.

Man trat weiterhin für einen Systemwechsel ein, doch mit unterschiedlichen Akzenten: **Georg Lukács** (1885–1971) setzte, noch ganz traditionell, auf eine Zusammenarbeit zwischen kommunistischer Partei und Arbeiterklasse. Ernst Bloch (1885–1997) betonte die Rolle der Utopie einer idealen Gesellschaft als Motor jeder Veränderung. Die Anhänger der Frankfurter Schule (s. S. 98) hingegen sahen die Lage sehr viel pessimistischer. Sie wiesen auf die raffinierten Manipulationstechniken des Kapitalismus hin und hatten den Glauben an die Arbeiterklasse verloren. Sie setzten ihre Hoffnung auf die Dritte Welt und die rebellierenden Studenten.

Anhänger der liberalen Demokratie wie **Karl Popper** (1902–1994) und **Hannah Arendt** (1906–1975) machten demgegenüber darauf aufmerksam, dass überall dort, wo ein Systemwechsel in der Praxis stattgefunden hatte, neue totalitäre Diktaturen entstanden waren, die die Freiheit des Bürgers mit Füßen traten und selbst keine Veränderung mehr zuließen. Mit ihrem Werk *Elemente und Ursprünge totaler Herrschaft* (1951) führte Arendt den Begriff **Totalitarismus** in die politische Philosophie ein. Er entstand aus einer Analyse der neuen Diktaturen des Kommunismus und Faschismus, die beide den Anspruch erheben, den Menschen „total", also auch sein Privatleben und vor allem sein Denken zu beherrschen. Der Mensch soll sich als Werkzeug einer unausweichlichen geschichtlichen Bewegung fühlen. In totalitären Systemen wird das Individuum nach Arendt zu einem reibungslos funktionierenden Zahnrad degradiert und seine Autonomie und Selbstbestimmung ausgelöscht.

Poppers Kritik richtete sich vor allem gegen die Anhänger von utopischen Gesellschaftsexperimenten. Der ständige Gedanke an den großen Wurf, die grundlegende Gesellschaftsveränderung, schlägt seiner Meinung nach leicht in Frustration, Intoleranz und Gewalt gegenüber Andersdenkenden um. In seinem Werk ***Die Offene Gesellschaft und ihre Feinde*** (1945) setzt er den totalitären Systemen das Modell einer „offenen", d. h. sich ständig der Kritik aussetzenden Gesellschaft entgegen, in der die Machthaber jederzeit abwählbar sind. An die Stelle der Revolution tritt ein „piecemeal-engineering", also eine schrittweise, an praktischen Problemen orientierte Reformpolitik.

➤ S. 98

Die Errichter der
philosophischen Freiheitsstatue

Als Hitler und Stalin dabei waren, Europa unter sich aufzuteilen, hielten *Karl Popper* und *Hannah Arendt* aus dem Exil wacker das Fähnlein der *Freiheit* hoch. Für ihre Verteidigung der demokratischen Republik und einer pluralistischen Gesellschaft ernteten sie auch noch später von Linken wie Rechten viel Spott und Kritik.

Doch im Westen wurden beide hoch geehrt und erlebten nach dem Zusammenbruch des Kommunismus eine Renaissance. Beide Philosophen waren jüdischer Herkunft, mussten aus dem deutschsprachigen Raum emigrieren, wurden in England bzw. den USA heimisch und lernten dort die westliche Demokratie schätzen.

In seinem staatsphilosophischen Hauptwerk *Die Offene Gesellschaft und ihre Feinde* (1945) wies Popper nach, dass Kommunismus und Faschismus gemeinsame freiheitsfeindliche Wurzeln haben, die bis auf Platon zurückgehen.

Doch wie im Falle der beiden Marxisten Lukács und Bloch (s. S. 93) stehen bei Karl Popper und Hannah Arendt die ideologischen Gemeinsamkeiten in eigentümlichem Gegensatz zu ihrem persönlichen Verhältnis, oder besser gesagt: Nicht-Verhältnis. Ihr philosophischer Werdegang war zu unterschiedlich. Hannah Arendt war Schülerin der beiden Gurus der **Existenzphilosophie**, Martin Heidegger und Karl Jaspers (s. Kapitel „Frischer Wind in die Metaphysik", S. 66 ff.), und zu allem Überfluss auch noch mit Walter Benjamin, einem Mitarbeiter der Frankfurter Schule (s. S. 98 ff.), befreundet. Popper, der seine philosophische Ausbildung in der trockenen Luft der Logik und Wissenschaftstheorie im Einflussbereich des **Wiener Kreises** (s. Kapitel „Philosophie in den Grenzen von Logik und Wissenschaft", S. 76 ff.) erfahren hatte, waren diese Verbindungen in höchstem Maße suspekt. Er verachtete den Nazi-Anhänger Heidegger und konnte auch mit der Frankfurter Schule nichts anfangen. So lebten und arbeiteten beide, der gebürtige Wiener Popper in London und die gebürtige Hannoveranerin Arendt in New York, zwar für die gleiche Sache, aber nicht mit-, sondern nebeneinander.

Hannah Arendt wiederum prägte einige Jahre später in ihrem Werk **Elemente und Ursprünge totaler Herrschaft** (1951) für beide Formen der Diktatur den Begriff **Totalitarismus**.

An dem Rahmen des liberalen Rechtsstaats hielten auch die neuen Aufklärer und politischen Reformer nach dem Zweiten Weltkrieg fest. Aber sowohl **Jürgen Habermas** (geb. 1929, s. S. 101) in Deutschland als auch **John Rawls** (geb. 1921, s. S. 104) in den USA waren daran interessiert, den Kapitalismus sozial zu korrigieren. Die Demokratie war ihnen weder demokratisch noch sozial genug. Die alte Forderung der Aufklärung nach Freiheit, Gleichheit und Brüderlichkeit schien ihnen noch lange nicht durchgesetzt. Beide forderten eine stärkere Beteiligung der Bürger an den politischen Willensbildungsprozessen und eine Verringerung der wirtschaftlichen und sozialen Ungleichheiten. Gerechtigkeit, so Rawls, besteht z. B. darin, dass man bei der Verteilung der Güter auf den *allgemeinen* Nutzen, und nicht nur auf den Nutzen weniger schaut.

Mit den Anhängern des ***Kommunitarismus*** (s. S. 106 f.) traten am Ende des 20. Jahrhunderts Philosophen auf den Plan, die zwar ebenfalls den liberalen Rechtsstaat nicht in Frage stellten, aber den klassischen Liberalismus in zwei grundsätzlichen Punkten angriffen: Nach ihrer Meinung darf es nicht nur um den Nutzen und die Selbstverwirklichung des Individuums gehen, sondern um das Wohl der Gemeinschaften („communities"), angefangen von der Familie bis zum Staat. Außerdem gibt es für Gerechtigkeit keine einheitliche Messlatte. Je nach der Gemeinschaft, der man zugehört, hat sie viele Gesichter.

PHILOSOPHISCHES STICHWORT

Die marxistischen Ritter von der traurigen Gestalt: Die Frankfurter Schule und ihre Kritische Theorie

1924 fanden sich in Frankfurt/Main junge marxistische Wissenschaftler und Philosophen zusammen und gründeten das „Frankfurter Institut für Sozialforschung". Ihre „Kritische Theorie" war ein fachübergreifendes Projekt: Der orthodoxe ***Marxismus*** sollte mit Hilfe der Freudschen ***Psychoanalyse***

(s. S. 65) runderneuert und Philosophie, Soziologie und Psychologie zu einer neuen Gesellschaftstheorie vereinigt werden.

Auch sonst unterschieden sie sich von den Marxisten alter Prägung. Statt für Ökonomie interessierten sie sich mehr für Literatur, wie **Walter Benjamin** (1892–1940) oder für Musik, wie **Theodor W. Adorno** (1903–1969). **Herbert Marcuse** (1898–1979) hatte sogar als Assistent bei **Martin Heidegger** (s. S. 72), dem Hohen Priester der Existenzphilosophie, gearbeitet.

Von den Nazis vertrieben, führten sie ihre Studien in den USA fort. Ein Teil der „Frankfurter Schule", wie sie inzwischen genannt wurde, kehrte nach dem Krieg an ihren Ursprungsort zurück und lieferte in den Jahren um 1968 den rebellierenden Studenten gesellschaftskritisches Futter im Kampf gegen das bürgerlich-kapitalistische System. Herbert Marcuse wurde zu einem gefeierten Star der Neuen Linken, Walter Benjamin wurde als Kunsttheoretiker wiederentdeckt. **Max Horkheimer** (1895–1973) und Theodor W. Adorno, inzwischen Lehrstuhlinhaber an der Frankfurter Universität, fanden sich jedoch in der Welt der Happenings und Sit-ins nicht mehr ganz zurecht und konnten den Mantel des etablierten Professors nie ablegen. Als auf dem Höhepunkt der Studentenunruhen radikale Studenten sein Büro besetzten, ließ „Teddy" Adorno, wie ihn seine Freunde nannten, es von der Polizei des bürgerlichen Klassenstaates wieder räumen. Sein einziger Trost war die Kunst. In seiner *Ästhetischen Theorie* (1970) beschreibt er sie als eine der wenigen Nischen, in denen die Antikapitalisten „Negation", d. h. ein Stück Widerstand gegen das System, spüren.

Auch philosophisch waren die Vertreter der Frankfurter Schule marxistische Ritter von der traurigen Gestalt. Sie mussten mit der Erfahrung zurechtkommen, dass der Kapitalismus politisch und wirtschaftlich viel erfolgreicher war, als Marx selbst dies noch geglaubt hatte. Die Arbeiterklasse war zu Wohlstand gekommen und hatte keine Lust mehr auf Revolution. Auf die historische Mission des Proletariats konnte man keinen Pfennig mehr setzen und die baldige Verwirklichung der klassenlosen Gesellschaft schien in weite Ferne gerückt. In Osteuropa war es nicht besser: Im dortigen sogenannten „realen" Sozialismus hatte eine Staatsbürokratie zu einer neuen Unterdrückung geführt. In den beiden Hauptwerken der Frankfurter Schule, Horkheimer und Adornos *Dialektik der Aufklärung* (1944 s. unten) und Herbert Marcuses *Der eindimensionale Mensch* (1964), wurde der Kapitalismus als ein raffiniertes Unterdrückungssystem beschrieben, in dem die Vernunft zu einem bloßen Instrument im Dienst des Profits geworden war. Vor allem Marcuse wies darauf hin, wie selbst Triebe und Bedürfnisse der Menschen im Sinne des Systems manipuliert wurden.

Ihre Hauptaufgabe sah die *Kritische Theorie* darin, „Ideologiekritik" zu üben, d. h. die scheinbare Wertfreiheit anderer Theorien zu entlarven und wie ein gesellschaftsphilosophischer Detektor überall, in Philosophie, Kultur, Politik und Gesellschaft, verdeckte gesellschaftliche Interessen aufzuspüren. Auch das eigene gesellschaftliche Interesse verschweigt die „Kritische Theorie" nicht. Es besteht darin, durch eine neue Art der Aufklärung mitzuhelfen, die bürgerliche Gesellschaft zu überwinden und Unterdrückung und Ausbeutung abzuschaffen.

Der jüngste Spross der Frankfurter Schule, **Jürgen Habermas** (geb. 1929, s. rechts), ging allerdings seine eigenen Wege und wurde sogar zum Verteidiger des liberalen Rechtsstaats.

PHILOSOPHISCHES STICHWORT
Die Dialektik der Aufklärung (1944)

Die *Dialektik der Aufklärung* ist das bekannteste Werk der neomarxistischen *Frankfurter Schule* und der von ihr vertretenen *Kritischen Theorie* (s. S. 98 ff.). Es wurde gemeinsam von Max Horkheimer und Theodor W. Adorno verfasst und entstand in der Zeit des Zweiten Weltkriegs und des Nationalsozialismus, als beide Autoren in den USA im Exil lebten. Sein Grundgedanke ist einfach und desillusionierend. Aus dem Anspruch der Aufklärung nach einer Befreiung des Menschen durch die Vernunft war in einer Art „dialektischer Umkehrung" das Gegenteil geworden: Das kapitalistische System hatte der Vernunft die Flügel gestutzt, sie vor seinen Karren gespannt und benutzte sie nun als Instrument, um den Menschen im Sinne der bürgerlichen Klasseninteressen zu beeinflussen. Aus Vernunft im Sinne von Autonomie und Selbstbestimmung war eine „instrumentelle Vernunft" geworden; aus einer Theorie der Befreiung eine Ideologie der Herrschaftssicherung.

Kurzporträt ——————————————— **Jürgen Habermas** (geb. 1929)
Neue Aufklärung made in Germany

Er ist in die Lehre des **Marxismus** und der **Aufklärung** gegangen: Vernunft und Gesellschaftskritik sind die wichtigsten Schlagworte im Denken von Jürgen Habermas, dem international bekanntesten deutschen Philosophen und Soziologen in der zweiten Hälfte des 20. Jahrhunderts. Wie viele seiner deutschen Vorgänger ist Habermas ein gelehrter Professor, der viele Bücher geschrieben hat. Kaum ist eine neue Theorie auf dem Markt, hat Herr Prof. Habermas sich auch schon mit ihr beschäftigt und sie in einem seiner Bücher diskutiert. Habermas gilt als das jüngste Kind der neomarxistischen **Frankfurter Schule** (s. S. 98 ff.). Als junger Assistent Max Horkheimers verteidigte er den Gedanken, dass es keine wertfreie Wissenschaft gibt. Jede Theorie, so war die These seines Frühwerks *Erkenntnis und Interesse* (1968), wird von gesellschaftlichen Interessen geleitet. Mit reiferem Alter wurde die Aufklärung jedoch für Habermas wichtiger als Marx. Er verteidigte Rechtsstaat und Demokratie und prägte den Begriff „Verfassungspatriotismus" als neue Form der Staatstreue. Vernunft als Grundlage von Gesellschaft und Moral wurde sein großes Thema. In seinem Hauptwerk *Theorie des kommunikativen Handelns* (1981) gab er ihr ein neues Outfit und nannte sie „kommunikative Vernunft". Soll heißen: *It takes two to tango* – Vernunft ist keine Ein-Mann-Show, sondern ein sozialer Prozess. Sie findet dort statt, wo Argumente ausgetauscht werden. Dies gilt z. B. für die Politik: Den Bürgern sollte immer die Möglichkeit gegeben werden, sich mit ihren Argumenten an der politischen Willensbildung zu beteiligen. Und die von Habermas und

seinem Freund und Kollegen **Karl-Otto Apel** (geb. 1922) entwik-
kelte *Diskursethik* enthüllt uns, dass sich hinter der Praxis der
kommunikativen Vernunft, dem ehrlichen Austausch von Argumenten in einem „Diskurs", das seit der Aufklärung lange gesuchte Moralprinzip verbirgt.

PHILOSOPHISCHES STICHWORT
Diskursethik

Was hat Diskutieren mit Moral zu tun? Eine ganze Menge, so
behauptet die von **Karl-Otto Apel** (geb. 1922) und **Jürgen
Habermas** (geb. 1929, s. S. 101) entwickelte *Diskursethik*.
Sie erhebt, in Anlehnung an die Moralphilosophie **Immanuel Kants** (s. Kapitel „Die Philosophie der frühen Neuzeit
…"; S. 17 ff.) den Anspruch, Moralprinzipien durch den
Rückgriff auf die Vernunft des Menschen zu begründen. Anders als Kant jedoch, der von der Vernunft des Individuums
ausging, glauben Apel und Habermas, dass diese Vernunft
eine soziale Angelegenheit ist und sich in der Kommunika-
tion zwischen Menschen ausdrückt. Nicht in jeder Kommu-
nikation natürlich, aber wohl in einer „idealen Sprechsitua-
tion": Stellen wir uns vor, wohlgesinnte Menschen versuchen, ohne jeden Stress und Druck, mit Hilfe einer
Diskussion ein Problem zu lösen. Ohne dass sie dies sagen,
machen sie dabei bestimmte Voraussetzungen: z. B. dass jeder die Wahrheit sagt und dass alle Diskussionsteilnehmer
gleichberechtigt sind. Da haben wirs, sagen die Diskursethiker. Diese Voraussetzungen sind nichts anderes als moralische Prinzipien. Demnach: Jede vernünftige Kommunika-
tion steht auf den Schultern moralischer Grundsätze. Um-
kehrschluss: Wenn wir vernünftig kommunizieren wollen,
müssen wir moralisch sein.

Kann es eine Moral für alle geben?
Klassenmoral, Vernunftmoral oder Tugendmoral?

Für den *Marxismus* war die Moralphilosophie nur ein Anhängsel der Geschichts- und Gesellschaftsphilosophie. Da jede Moral von einer bestimmten ökonomischen Basis und von bestimmten Gesellschaftsverhältnissen abhängig war, konnte es keine universal geltenden Moralgrundsätze geben. Die Marxisten vertraten einen **Relativismus**: Jede Moral war relativ und stand im Dienst der jeweils herrschenden Klasse. Eine Moral für alle konnte es nicht geben. Jede Moral war Klassenmoral. Für den, der sich im Handeln orientieren wollte, war das richtige Klassenbewusstsein wichtiger als abstrakte moralische Grundsätze. So stellte sich das Problem noch für **Georg Lukács** (s. S. 93, 1885–1971) in seinem Werk *Geschichte und Klassenbewusstsein* (1923) dar. Aufgabe des moralisch fortschrittlichen Menschen war es, die Zeichen der Zeit richtig zu deuten und den „Standpunkt des Proletariats" einzunehmen. Sein marxistischer Kollege **Ernst Bloch** (s. S. 93, 1885–1977) allerdings sprach bereits von einer „echten Moral", die er von einer Klassen- oder politischen Kampfmoral unterschied und die er, ähnlich wie Immanuel Kant in seinem kategorischen Imperativ (s. Kapitel „Die Philosophie der frühen Neuzeit …"; S. 17 ff.), im „uninteressierten Entschluss zur gegenseitigen Hilfe" sah. Aber auch Bloch glaubte, dass diese Moral erst in der klassenlosen Gesellschaft zur Geltung kommen kann.

In einer Abkehr vom marxistischen Relativismus gab es in der zweiten Hälfte des 20. Jahrhunderts wieder ein Zurück zu einer **universalistischen**, für alle geltenden Moral, die auch schon in der Gegenwart Anwendung finden musste. Gab es dafür, wie die Aufklärer geglaubt hatten, eine in der Vernunft liegende Begründung? Die neuen Vertreter einer rationalen Ethik wählten einen „pragmatischen" Denkansatz: Welche Prinzipien müssen alle beachten, damit das Zusammenleben zwischen Menschen vernünftig funktioniert?

Ausgerechnet ein ehemaliger Vertreter der neomarxistischen *Frankfurter Schule* (s. S. 98), **Jürgen Habermas** (geb. 1929, s. S. 101) unternahm mit seinem Kollegen **Karl-Otto Apel** (geb. 1922) einen erneuten Begründungsanlauf. Das Ergebnis war die so genannte *Diskursethik* (s. S. 102), die behauptete, dass wir immer dann, wenn wir rational mit Argumenten streiten, bereits moralische Grundsätze voraussetzen, so z. B. die Verpflichtung, die Wahrheit zu sagen, oder die Anerkennung der gegenseitigen Gleichberechtigung. In den Tiefen des rationalen „Diskurses" liegen also Moralprinzipien verborgen. Der Amerikaner **John Rawls** (geb. 1921, s. unten) beschritt in seiner *Theorie der Gerechtigkeit* (1971, s. rechts) einen anderen Weg mit dem gleichen Ziel. Rawls stellt die Frage: Auf welche moralischen Prinzipien würden sich die Menschen selbst einigen, wenn sie auf einer Art allgemeiner Betriebsversammlung, die er gesellschaftliche „Ursituation" nennt, sich auf die Regeln des Zusammenlebens verständigen müssten? Dabei, so Rawls, käme man um solche moralischen Grundprinzipien wie Freiheit und Gleichheit, Selbstachtung und Achtung vor dem anderen nicht herum. Den Vertretern des *Kommunitarismus* (s. S. 106 f.), die seit den 80er Jahren des 20. Jahrhunderts in der öffentlichen Diskussion auftauchten, waren solche Überlegungen viel zu abstrakt. Sie machten darauf aufmerksam, dass ein Zusammenleben zwischen Menschen nur dann gut klappt, wenn wir uns nicht nur um die Autonomie und die Achtung des Individuums, sondern auch um die Gemeinschaft kümmern, in der wir leben. Mit anderen Worten: Wir brauchen Gemeinschaftstugenden. Wir müssen uns verantwortlich fühlen für unsere Familie, unsere Gemeinde und unser Land.

John Rawls (geb. 1921) ——————— *Kurzporträt*
Neue Aufklärung made in USA

Die Frage, wie wir die Regeln des moralischen und politischen Zusammenlebens auf eine rationale Art begründen können, war von der Philosophie lange Zeit vergessen oder für unlösbar erklärt worden. Der Mann, der diese Frage wieder in den Fahrplan der Philosophie schrieb und dabei an ein Niveau anknüpfte, das seit Kant und der Aufklärung (s. Kapitel „Die Philosophie der frühen Neuzeit …", S. 17 ff.) nicht mehr erreicht worden war, hieß John Rawls, stammte aus Baltimore/Maryland und war die meiste Zeit seines Lebens Professor an der renommierten Harvard-Universität. Nicht nur in der Philosophie, sondern auch in der Ökonomie tat sich Rawls um, um die für ihn brennendste Frage zu lösen: Wie lässt sich die liberale Grundhaltung mit dem Wohlfahrtsstaat verbinden? Seine Idee einer „Gerechtigkeit als Fairness" entwickelte er in dem Buch *Eine Theorie der Gerechtigkeit* (1971, s. unten). Rawls ist ein „one-book-man" geblieben. Alle seine anderen Publikationen können als Kommentare und Erläuterungen zu seinem Hauptwerk verstanden werden. Aber dieses Buch hatte es in sich: Es brachte ihm den Ruf eines Klassikers der neueren Philosophie ein und entfachte eine weltweite Debatte.

PHILOSOPHISCHES STICHWORT
Eine Theorie der Gerechtigkeit

Unter den philosophischen Werken des 20. Jahrhunderts gibt es nur wenige echte Hits: Dazu gehört aber sicherlich das Hauptwerk des amerikanischen Philosophen **John Rawls** (s. links), *Eine Theorie der Gerechtigkeit*. Rawls verpasste damit dem *Liberalismus* eine Vitaminspritze. Wie die traditionellen Liberalen begriff Rawls die Gesellschaft als Zusammenschluss von Individuen, denen es um Freiheit und Selbstverwirklichung ging. Doch auch die soziale Gerechtigkeit lag ihm am Herzen. Die Gesellschaft sollte liberal, aber auch fair sein. Die *Theorie der Gerechtigkeit* versucht, die alten Forderungen nach Freiheit, Gleichheit und Brüderlichkeit neu zu begründen. Sie greift dabei auf die *Vertragstheorie* der Aufklärung (s. Kapitel „Die Philosophie der frühen Neuzeit …", S. 17 ff.) zurück. Statt eines gesellschaftlichen Naturzustandes schlägt Rawls vor, sich in einem Gedankenspiel einen „Urzustand" vorzustellen, in dem Menschen zusammenkommen, die sich als gleich empfinden, ihre Interessen fördern wollen und ihre Vernunft gebrauchen. Bei dieser Veranstaltung käme nach Rawls eine Vorstellung von „Gerechtigkeit als Fairness", heraus, die er folgendermaßen zusammenfasst: „Alle sozialen Werte – Freiheit, Chancen, Einkommen, Vermögen und die sozialen Grundlagen der Selbstachtung – sind gleichmäßig zu verteilen, soweit nicht eine ungleiche Verteilung zu jedermanns Vorteil gereicht." Die *Theorie der Gerechtigkeit* behauptet, dass es in unserem Eigeninteresse liegt, wenn wir die Schere der Ungleichheit in einer Gesellschaft nicht zu sehr auseinander klaffen lassen. Individuelle Selbstverwirklichung und soziale Gerechtigkeit sind also Geschäftspartner, die beide voneinander profitieren.

PHILOSOPHISCHES STICHWORT

Die Gerechtigkeitsverteiler: Michael Walzer (geb. 1935) und der Kommunitarismus

In den letzten Jahrzehnten des 20. Jahrhunderts entstand in den USA und Kanada eine Richtung der Gesellschafts- und Moralphilosophie, die sich gegen eine heilige Kuh des Liberalismus wendet. Im Mittelpunkt ihres Denkens steht die **Gemeinschaft** (engl. „community") und nicht das Individuum. Wenn jeder nur an sich selbst denkt, so zerfällt nach Meinung der Kommunitarier die Gesellschaft. Stattdessen empfehlen sie, sich an den Tugenden und Werten konkreter Gemeinschaften wie der Familie, der Kommune oder dem Staat zu orientieren. In das politische Links-rechts-Schema lassen sie sich nicht einordnen. So stehen Bürgerinitiativen und Bürgergemeinschaften bei den Kommunitariern ebenso hoch im Kurs wie die Tugend des Patriotismus. Der wichtigste philosophische Urahn des Kommunitarismus ist der griechische Philosoph **Aristoteles** (s. S. 12), für den der Mensch in erster Linie ein Gemeinschaftswesen ist. Sein Lieblingsgegner ist die liberale Gerechtigkeitstheorie von **John Rawls** (s. S. 104), die versucht, einheitliche, d. h. abstrakte und „universalistische" Gerechtigkeits- und Gleichheitsgrundsätze für alle Bereiche der Gesellschaft zu finden.

Der philosophische Star des Kommunitarismus ist der New Yorker Michael Walzer (geb. 1935) mit seinem Buch *Sphären der Gerechtigkeit* (1983). Doch Walzer sieht sich nicht als Feind des Liberalismus: Er will ihn lediglich korrigieren und ergänzen. Als liberaler Sozialist gilt er in der politischen Landschaft der USA als Linker. Er ist der Typ *philosophe engagé*: Neben seiner Lehrtätigkeit an der Eliteuniversität Princeton äußert er sich zu aktuellen Problemen der Gesellschaftspolitik.

Walzer hat nicht nur die komplexen pluralistischen Gesellschaften des Westens vor Augen, sondern auch die zusammenwachsende, von unterschiedlichen Wertmaßstäben geprägte Weltgemeinschaft. Eine neue Art von Gerechtigkeit könnte durch eine so genannte **komplexe Gleichheit** definiert werden. Sie berücksichtigt, dass es in einer Gesellschaft viele verschiedene Bereiche gibt, in denen Güter verteilt werden: Kultur, Wirtschaft, Politik u. a. Diese verschiedenen „Gerechtigkeitssphären" sollten getrennt bleiben. Nicht jeder will dieselbe Art von Gütern oder dieselbe Art von gesellschaftlicher Anerkennung. Wichtig ist, dass jeder in irgendeinem Bereich sein Stück vom Kuchen abbekommt und dass niemand den ganzen Kuchen alleine essen kann. Nur so kann die Forderung nach Freiheit und Gleichheit gerettet werden.

Neben Walzer gehören der aus Irland stammende **Alasdair MacIntyre** (geb. 1929), der Kanadier **Charles Taylor** (geb. 1931) und die Amerikanerin **Martha Nussbaum** (geb. 1937) zu den bekanntesten Vertretern des Kommunitarismus.

Neue Wege der Philosophie

Denken als Patchwork im Zeitalter der Postmoderne

Einleitung

In den letzten Jahrzehnten des 20. Jahrhunderts hat sich in der Philosophie ein Patchwork von Denkansätzen entwickelt, dem man trotz seiner bunten Unübersichtlichkeit das Einheitsetikett *Postmoderne*, wörtlich „nach der Moderne", aufgeklebt hat. Der französische Philosoph **Jean-François Lyotard** (geb. 1924) führte den Begriff in seinem Essay *Das postmoderne Wissen* (1979) in die Philosophie ein. Nach einem einheitlichen postmodernen System oder einer postmodernen Methode sucht man jedoch vergeblich. Die französischen Vertreter der Postmoderne entnahmen ihre Denkansätze der *Phänomenologie* (s. Kapitel „Frischer Wind in die Metaphysik", S. 66 ff.), der *Hermeneutik* (s. S. 110 f.) oder dem *Strukturalismus* (s. S. 111 f.). **Paul Feyerabend** (s. S. 117 f.) ging aus dem *Kritischen Rationalismus* (s. Kapitel „Philosophie in den Grenzen von Logik und Wissenschaft", S. 76 ff.) hervor, **Richard Rorty** verdankt der *Analytischen Philosophie* (s. Kapitel „Philosophie in den Grenzen von Logik und Wissenschaft", S. 76 ff.), aber auch dem *amerikanischen Pragmatismus* (s. S. 78 f.) und der Hermeneutik viele Anregungen.

Wenn es etwas Gemeinsames in der postmodernen Philosophie gibt, dann ist es gerade die Abwehrhaltung gegen jede Art von System und Vereinheitlichung. Nicht zufällig wurde der von **Jacques Derrida** (geb. 1930, s. S. 116) geprägte Begriff *Dekonstruktion* (s. S. 117), wörtl. das „Auseinandernehmen", zu einem ihrer wichtigsten Schlagworte. Als Allroundinstrument diente es dazu, alles zu zerpflücken, was in der Philosophie mit dem Anspruch der Autorität auftrat, nicht zuletzt Wahrheit, Sinn und Vernunft. Dabei werden die Unterschiede zwischen Philosophie, Wissenschaft und Kunst häufig aufgehoben. Lyotard und Derrida lesen Klassiker der Philosophie wie „Erzählungen" und interpretieren sie völlig neu. **Michel Foucault** (geb. 1926, s. S. 112) führt den aufgeklärten Vernunftfans vor Augen, wie die Vernunft in der europäischen Geschichte als Macht- und Unterdrückungsmittel eingesetzt wurde. Und **Paul Feyerabend** (geb. 1924) machte sich über den Autoritätsanspruch der westlichen Wissenschaft lustig. Radikale Vernunftkritiker wie Friedrich Nietzsche (s. Kapitel „Eine neue Welt- und Menschensicht", S. 56 ff.) und Martin Heidegger (s. Kapitel „Frischer Wind in die Metaphysik", S. 66 ff.) stiegen wieder hoch im Kurs und erfreuten sich vor allem in Frankreich großer Beliebtheit.

An die Stelle des Einheitsanspruchs tritt die Anerkennung der Vielfalt, die in Schlüsselbegriffen wie „Widerstreit" bei Lyotard oder „Differenz" bei Derrida beschworen wurde. An die Stelle der „Wahrheit" treten viele gleichberechtigte „Wahrheiten". Ein Kennzeichen der *postmodernen Philosophie* ist daher der *Pluralismus*, das Geltenlassen verschiedener Denkansätze und Traditionen und die Ablehnung eines einheitlichen Bewertungsmaßstabs. Dass die Tradition der Kunst, Literatur und Philosophie uns immer neue Antworten gibt, je nachdem, wie wir fragen, war schon eine der zentralen Thesen **Hans-Georg Gadamers** und der von ihm zu neuen Ehren gebrachten *Hermeneutik* (s. S. 110 f.). Auch der Amerikaner **Richard Rorty** (s. S. 119) plädiert für eine Vielfalt von philosophischen Ansätzen. Mit Blick auf die „virtuellen" Computer- und Medienwelten lehnen es manche Vertreter der Postmoderne sogar ab, von einer einzigen oder wahren „Wirklichkeit" zu sprechen.

Kritik an den verschiedenen Spielarten des postmodernen Denkens kam vor allem aus zwei Richtungen: Vertreter der Analytischen Philosophie (s. Kapitel „Philosophie in den Grenzen von Logik und Wissenschaft", S. 76 ff.) bemängeln die mehrdeutige Sprache, Irrationalismus und das Preisgeben wissenschaftlicher Maßstäbe. In der politischen Philosophie werfen die Vertreter einer neuen Aufklärung (s. Kapitel „Vernünftiges Handeln im Kampf der Ideologien, S. 91 ff.) den Postmodernen vor allem ihren Relativismus vor, d. h. Unfähigkeit, zwischen guten und schlechten Traditionen zu unterschieden. Wie relativ menschliche Werte und kulturelle Traditionen sind (s. S. 120 ff.) und welches Vertrauen die Vernunft noch verdient (s. S. 114 f.), darum gingen die wichtigsten Diskussionen der Philosophie im Zeitalter der Postmoderne.

(s. Kapitel „Philosophie in den Grenzen von Logik und Wissenschaft", S. 76 ff.); (s. Kapitel „Vernünftiges Handeln im Kampf der Ideologien, S. 91 ff.); (s. S. 120 ff.); (s. S. 114 f.)

PHILOSOPHISCHES STICHWORT

Hans-Georg Gadamer (geb. 1900) und die Hermeneutik

Die Hermeneutik war seit der späten Antike die Kunst von der richtigen Auslegung von Texten. Im 19. Jahrhundert wurde sie als Lehre vom „Verstehen" durch **Friedrich Schleiermacher** (1768–1834) und **Wilhelm Dilthey** (1833–1911) eine Art Wissenschaftstheorie der Geisteswissenschaften. Während man die in den Naturwissenschaften untersuchte Welt mit Hilfe allgemeiner Gesetze „erklären" könne, müsse man die vom Menschen geschaffenen Gegenstände der Kultur „verstehen". Angeregt durch Martin Heideggers Werk *Sein und Zeit* (s. Kapitel „Frischer Wind in die Metaphysik", S. 66 ff.) hat Hans-Georg Gadamer mit seinem Hauptwerk *Wahrheit und Methode* (1960) die Hermeneutik noch weiter aufgewertet. Sie wird nun zu einer philosophischen Grundlagendisziplin, die sich mit dem Versuch des Menschen beschäftigt, in der ihm überlieferten Welt des Geistes einen übergeordneten Sinnzusammenhang zu erfahren, den Gadamer „Wahrheit" nennt – im Gegensatz zur naturwissenschaftlichen Erkenntnis*methode*. Der Mensch gelangt jedoch immer nur zu einer durch seinen eigenen „Horizont" beschränkten und damit relativen Wahrheit. Damit ist knapp umschrieben, was Gadamer als **hermeneutischen Zirkel** bezeichnet: Wenn wir etwas verstehen wollen, haben wir immer ein bestimmtes Vorwissen oder „Vorurteil", das unsere Fragen bestimmt: Was wir schließlich verstehen, richtet sich nach diesem Vorwissen und verschmilzt mit ihm zu einem neuen Vorurteil oder „Erkenntnishorizont".

Die Begegnung mit der Wahrheit im „Verstehen" nannte Gadamer etwas pompös „Einrücken in das Überlieferungsgeschehen". Anlehnend an Gadamer vertritt **Richard Rorty** (s. S. 119) eine „pragmatische Hermeneutik", in der die Philosophie sich für alle Erkenntnisansätze offen zeigen und diese auf ihre Nützlichkeit hin testen soll. Die Idee, die Welt zu verstehen wie einen zu lesenden Text, übernahm der postmoderne Kultdenker **Jacques Derrida** (s. S. 116).

PHILOSOPHISCHES STICHWORT
Strukturalismus

Der Strukturalismus war zunächst eine von dem schweizerischen Sprachtheoretiker **Ferdinand de Saussure** (1857–1913) und dem *Logischen Positivismus* (s. Kapitel „Philosophie in den Grenzen von Logik und Wissenschaft", S. 76 ff.) beeinflusste Richtung der Sprachwissenschaft. Danach wurde die Sprache als ein künstlich geschaffenes System von Zeichen begriffen, das einer bestimmten „Struktur" folgte und das man analysieren konnte. Der Mensch, das

Subjekt, tritt hinter diese „Struktur" zurück. Wegen seiner Vorliebe für formale Modellkonstruktionen hatte der Strukturalismus eine Nähe zur Logik und Kybernetik.

Der **französische Strukturalismus** entwickelte daraus ein philosophisches, fächerübergreifendes Projekt. **Claude Levi-Strauss** (geb. 1908) übertrug den strukturalistischen Ansatz auf die Ethnologie und untersuchte die Strukturen, die der Bildung von Mythen zugrunde liegen. **Jacques Lacan** (1901–1981) untersuchte mit Hilfe der *Psychoanalyse* (s. Kapitel „Eine neue Welt- und Menschensicht, S. 56 ff.) menschliche Handlungsstrukturen und **Roland Barthes** (1915–1980) widmete sich u. a. den Strukturen der Literatur, der erzählenden Texte. **Michel Foucault** (s. unten) warf einen strukturalistischen Blick auf die gesamte Geistesgeschichte. Foucault wird auch gerne als „Poststrukturalist" bezeichnet, weil er durch seine radikale Vernunftkritik eine Brücke zwischen Strukturalismus und Postmoderne bildet. Gerade in Frankreich sind die Beziehungen zwischen Strukturalismus und Postmoderne sehr eng. Das Zurücktreten des Subjekts und auch die postmoderne Vorliebe für „Diskurse", d. h. für Theorie- oder Textstrukturen, haben ihre Wurzel im Strukturalismus.

Kurzporträt ——————— **Michel Foucault** (1926–1984)
Die Leichen im Keller der Vernunft

Michel Foucault ist unter den Philosophen des späten 20. Jahrhunderts einer der unorthodoxesten und kreativsten. Sein Denken passt nicht in Schubladen. Wie eine Biene saugt er Honig aus Philosophie, Natur- und Geisteswissenschaften gleichermaßen. Er liebte es, Fachgrenzen zu überschreiten, war neugierig auf alle Kulturen und erschloss sich in jeder Phase seines Lebens neue Wissensgebiete. In seinen letzten Lebensjahren orientierte er sich noch einmal neu und wandte sich, in den beiden letzten Bänden der Trilogie *Sexualität und Wahrheit*, der Antike und dem Thema Lebenskunst zu. Als er 1984 an Aids starb, brach nicht nur ein Leben, sondern auch ein unvollendetes Denken ab.

Foucault war kein Philosoph im Elfenbeinturm: In der Tradition engagierter Intellektueller wie der Aufklärer Voltaire (s. Kapitel „Die Philosophie der frühen Neuzeit …", S. 17 ff.) oder der Existentialist Jean-Paul Sartre (s. Kapitel „Frischer Wind in die Metaphysik", S. 66 ff.) schaltete er sich auch aktiv in politische Debatten ein. Er stand auf der Seite rebellierender Studenten, setzte sich für politische Gefangene ein und protestierte gegen das Schah-Regime in Persien.

In einem anderen Punkt stand er dem Existentialismus jedoch sehr kritisch gegenüber: Er wandte sich gegen die Überschätzung des menschlichen Subjekts als Ursprung von Autonomie und Freiheit. Vom französischen **Strukturalismus** (s. S. 111 f.) lernte er, dass unser Selbstverständnis als **Subjekt** nicht natürlich, sondern künstlich ist. Es ist Teil einer Denkstruktur, eines „Diskurses". Jedes Zeitalter hat seinen „Code", d. h. Redeweisen, mit denen dieses Verständnis erst gebildet wird. In einem seiner Hauptwerke, *Die Ordnung der Dinge* (1966) untersucht er, wie jedes Zeitalter seit der Renaissance das Subjekt auf jeweils eine andere Art definiert hat, und prophezeit sogar, dass in Zukunft „Subjekt" und „Mensch" ganz aus unserem Diskurs und damit aus der Geschichte verschwinden werden.

Die in der europäischen Geschichte gebildete Vorstellung vom autonomen und freien Subjekt ist aber für Foucault keineswegs harmlos. Er folgt **Friedrich Nietzsche** (s. Kapitel „Eine neue Welt- und Menschensicht, S. 56 ff.) in der Ansicht, dass die Vernunft in der menschlichen Geschichte eine sehr zweifelhafte Rolle gespielt hat. Wie Sherlock Holmes spürt er ihren dunklen Taten nach und präsentiert als Ergebnis eine Generalanklage: Die Geschichte des europäischen Geistes, so Foucault, ist auch eine Geschichte der Ausgrenzung und Machtausübung gegenüber allem, was man als „anders" oder als „fremd" empfand. Dieses Ausgegrenzte, das sich z. B. in Krankheiten oder in dem so genannten Wahnsinn äußert, war dem gelernten Psychologen Foucault auch aus seiner eigenen Arbeit vertraut. Die Eingesperrten, Kranken, Wahnsinnigen: kurz: die anderen, das sind die Leichen im Keller der Vernunft, für deren Ehrenrettung Foucault kämpft. In dem kleinen Werk *Die Ordnung des Diskurses* (1971) bringt er die unheilige Allianz zwischen Theorie, Vernunft und Macht noch einmal auf den Punkt: Hinter unseren großartigen Konzepten wie Humanität und Vernunft steckt immer eine künstliche Ausgrenzung des Nicht-Vernünftigen, Nicht-Humanen, und damit eine Einladung zur Unterdrückung. Foucault war also ein Aufklärer, der auch vor der Vernunft selbst nicht Halt machte. Mit dieser Vernunftkritik und seiner These von der engen Verbindung zwischen Sprache und Macht hat er die gesamte **Postmoderne** beeinflusst.

Welcher Vernunft können wir trauen?
Rationalität und Irrationalität in der Postmoderne

Die übermächtige Rolle, die die Vernunft in der europäischen Philosophiegeschichte gespielt hat, ist ein Hauptangriffspunkt der postmodernen Philosophen. Huldigen sie deshalb einem Irrationalismus? Werden Wissenschaft und Logik über den Haufen geworfen? Welche Vernunft ist es, die kritisiert wird? Und welcher Vernunft wird weiterhin Vertrauen geschenkt? Jeder der neueren Philosophen setzt hier ganz eigene Akzente.

Grob gesagt, kann man drei Lager unterteilen: diejenigen, die der Vernunft Verrat an der eigenen Sache vorwerfen, diejenigen, die eine skeptische Haltung gegenüber „Rationalität" einnehmen, und diejenigen, die die Rationalität in Richtung Irrationalität überschreiten.

Die Vernunft, um die es geht, ist die in der Philosophie so genannte „theoretische Vernunft", die seit **Descartes** (s. Kapitel „Die Philosophie der frühen Neuzeit …", S. 17) mit dem Anspruch der „sicheren" Erkenntnis und des „sicheren" Wissens auftritt, also glaubt, die Wirklichkeit letztgültig erklären zu können.

Michel Foucault (s. S. 112) bleibt bei aller Vernunftkritik selbst ein Aufklärer: Er kritisiert, dass unter dem Etikett „Vernunft" ein Macht- und Unterdrückungsinstrument entwickelt wurde, das ihren eigenen Ansprüchen zuwiderläuft. Man habe eine völlig künstliche Grenze zwischen „rational" und „nicht-rational" errichtet. Auch **Jean-François Lyotard** kritisiert den seit der Aufklärung gebräuchlichen Begriff der Vernunft deswegen, weil er sich nicht treu geblieben ist. Statt dem menschlichen Geist Freiheit und Kreativität zu ermöglichen, habe er sich zu einem Zwang, zu einer Einheitsvernunft verfestigt. Lyotard begreift die Postmoderne als Versuch, das nicht eingehaltene Versprechen der Aufklärung und der Moderne mit neuen Mitteln einzulösen. An die Stelle der Einheitsvernunft mit ihren „großen Erzählungen" von „Emanzipation", „Geist" oder „Sinn" sollte die Anerkennung vieler möglicher Spielarten der Vernunft treten, die sich in verschiedenen „kleinen Erzählungen" oder „Sprachspielen" äußert, ein von **Ludwig Wittgenstein** (s. Kapitel „Philosophie in den Grenzen von Logik und Wissenschaft") übernommener Begriff.

Auch **Richard Rorty** (s. S. 119) kritisiert die Idee einer Einheitsvernunft, doch gehört er bereits ins Lager der Skeptiker. Die Theorien der Erkenntnis und des Wissens gehören seiner Meinung nach in den Bereich der privaten Überzeugung und sind als allgemeingültig nicht nachweisbar.

Paul Feyerabend (s. S. 117) und seine **anarchistische Wissenschafts- und Erkenntnistheorie** befinden sich auf halbem Weg zwischen Rationalismus und Irrationalismus. In seinem Hauptwerk *Wider den Methodenzwang* (1975, s. S. 118 f.) leugnet er sowohl die Möglichkeit einer umfassenden und sicheren Erkenntnis als auch den Alleinvertretungsanspruch der „wissenschaftlichen" Methode. Doch lehnt er andererseits Wissenschaft und Rationalität nicht völlig ab. „Gegen die Vernunft habe ich nichts, ebensowenig wie gegen Schweinebraten" schrieb er in einem Brief. Er glaubte, dass wir unser Wissen sowohl auf rationalem als auch irrationalem Weg vermehren können und dass alle Wege, die zum Erkenntnisziel führen, gleichwertig sind.

Den Abschied von der Rationalität vollzieht demgegenüber **Jacques Derrida** (s. S. 116). Mit seiner Methode der *Dekonstruktion* (s. S. 117) wird jede Suche nach einem rationalen Sinn, einer „Bedeutung", oder eines sicheren Wissens ständig in Frage gestellt. Derrida glaubt daran, dass in den durch die Dekonstruktion sichtbaren Widersprüchen und Gegensätzen ein mystischer, nicht rationaler Sinn verborgen ist. Auch **Peter Sloterdijk** (s. S. 122) sucht, in Anlehnung an Heidegger (s. S. 72) und östliche Meditationslehren, den Kontakt zu einer Wirklichkeit, die durch Vernunft nicht mehr erfassbar ist.

Jacques Derrida (geb. 1930)
Chefdenker der Postmoderne

Jacques Derrida ist die Kultfigur der postmodernen Philosophie. Mit seinem Interpretationsverfahren der **Dekonstruktion** (s. rechts) hat er die Geisteswissenschaften durcheinander gewirbelt und jeder seiner öffentlichen Auftritte ist ein von seinen Anhängern ehrfürchtig verfolgtes, inszeniertes Medienereignis.

Wie der von ihm als Vordenker geschätzte **Martin Heidegger** (s. Kapitel „Frischer Wind in die Metaphysik", S. 66 ff.) neigt Derrida zu einer schwierigen Sprache mit selbst geprägten Kunstbegriffen, die sich gegen jedes eindeutige Verständnis sperren. Genau dies entspricht aber seiner philosophischen Absicht. Derrida empfindet jede logische Eindeutigkeit und jede politische oder wissenschaftliche Theorie mit allgemeinem Erklärungsanspruch als „totalitär". Eine seiner Lieblingsbeschäftigungen ist es, sich klassische philosophische Texte vorzunehmen und sie völlig neu zu interpretieren. Wie er in seinem Hauptwerk ***Die Schrift und die Differenz*** (1967) erläutert, offenbart sich dann statt einer eindeutigen Bedeutung ein komplexes und sich veränderndes Spiel von Zeichenstrukturen. Derridas Dekonstruktion richtet sich nicht auf Stimmigkeit, sondern auf das Aushalten von Offenheit und Gegensätzlichkeit, für die er den Begriff „différance" formt, der sowohl „Differenz" als auch „Aufschub" bedeutet. Vorbild für diese Spurensuche nach dem niemals Greifbaren ist die jüdische Mystik mit ihrer Art, die heiligen Schriften zu studieren.

Neben Heidegger war es vor allem der französische Strukturalismus (s. S. 111 f.) und die Hermeneutik (s. S. 110 f.), die ihn dazu führten, Philosophie als ein Lesen und Verstehen von Textstrukturen zu begreifen. Dabei fasst er den Begriff „Text" sehr weit. Ohne Umschweife erklärt er: „Das, was ich also Text nenne, ist alles, praktisch alles". Für Derrida ist die Welt selbst ein Text. Wie sein postmoderner Kollege Lyotard hat er auch die Grenze zwischen Philosophie und Kunst eingerissen. Für seine zahlreichen Gegner bieten sich damit breite Angriffsflächen: Die gegen ihn erhobenen Vorwürfe reichen von „Beliebigkeit" bis „eleganter Unsinn".

Dekonstruktion, wörtl. „Auseinandernehmen", ist das von Jacques Derrida (s. links) eingeführte Verfahren der Interpretation von Texten. Derrida lehnt es ab, von der „Dekonstruktion" als einer Methode zu sprechen, weil sie keine einheitliche Herangehensweise ist, sondern sich nach der Gestalt und dem Zusammenhang jeden einzelnen Textes richtet.

Im normalen Textverständnis geht man davon aus, dass jeder Text sich bestimmter Begriffe und Satzkonstruktionen, also bestimmter „Zeichen", bedient, um eine Bedeutung oder eine Aussage zu vermitteln. Die Dekonstruktion will nun diese Vorstellung einer einheitlichen Bedeutung zerstören (dekonstruieren) und lenkt stattdessen die Aufmerksamkeit auf den Zusammenhang der Zeichen selbst, auf die Textgestalt, also die „Rhetorik" des Textes. Es kommt ihr nicht auf das „Was" einer Aussage, sondern auf das „Wie" an. Insofern hat sie große Ähnlichkeit mit einer ästhetischen Analyse. Die Dekonstruktion zeigt einen Text als ein Netz von nebeneinander bestehenden Mehrdeutigkeiten und Widersprüchen. Sie ist Derridas Mittel, die angebliche „Vernunftbestimmtheit" unserer Sprache und Welt zu widerlegen. Als eine typisch „postmoderne" Herangehensweise verbreitete sie sich nicht nur in der Philosophie, sondern auch in den Literatur- und Kunstwissenschaften.

Kurzporträt ———— **Paul Feyerabend** (1924–1994)
Provokateur im Wissenschaftszirkus

Er war der Dadaist unter den Philosophen des 20. Jahrhunderts und liebte es, mit flapsigen Bemerkungen zu provozieren: Vor seinen philosophischen Fachkollegen hielt er 1972 einen Vortrag mit dem Titel: „Die Wissenschaftstheorie – eine bisher unerforschte Form des Irrsinns". Seine eigene Autobiographie nannte er selbstironisch *Zeitverschwendung* (1995).

Doch Feyerabend war kein Philosophieclown, sondern ein ausgewiesener Experte auf dem Gebiet der Wissenschafts- und Naturphilosophie. Der philosophische Weltenbummler Wiener Abstammung ging beim Vater der modernen Wissenschaftstheorie und Begründer des **Kritischen Rationalismus**, **Karl R. Popper** (s. Kapitel „Philosophie in den Grenzen von Logik und Wissenschaft", S. 76 ff.) in die Lehre.

Er machte jedoch nie ein Hehl daraus, dass ihm schöne Frauen, Kino und Literatur mehr Spaß machten als die akademische Philosophie. Von der Tradition des **Wiener Kreises** (s. Kapitel „Philosophie in den Grenzen von Logik und Wissenschaft", S. 76 ff.) und des Kritischen Rationalismus (s. ebd.) mit ihrer Suche nach der allein selig machenden wissenschaftlichen Methode sagte er sich mit seinem philosophischen Pamphlet **Wider den Methodenzwang** (1975 s. unten) los. Unfreiwillig hatte er damit das Kultbuch der postmodernen Wissenschaftskritik geschrieben. Feyerabend war überzeugt, dass es Vernunft und Erkenntnis auch außerhalb der Wissenschaft in Hülle und Fülle gibt. In dem Folgewerk *Erkenntnis für freie Menschen* (1979) zog er aus seiner „anarchistischen Erkenntnistheorie" Folgerungen für eine liberale Gesellschaft und ihre Institutionen. Er kritisierte den Einfluss der so genannten wissenschaftlichen Experten und forderte, die Bürger selbst sollten über Forschungs- und Lerninhalte entscheiden. Alle kulturellen Traditionen hätten das Recht, den gleichen Zugang zu den Zentren der Macht zu erhalten. Mit der Forderung „Bürgerinitiativen statt Erkenntnistheorie!" gelang ihm eine weitere wirkungsvolle Provokation. Die freien Bürger sollten „das nutzlose, analphabetische und teure Gerede der Philosophen durch ihre eigenen konkreten Entschlüsse ersetzen".

PHILOSOPHISCHES STICHWORT
Wider den Methodenzwang (1975)

Wider den Methodenzwang, mit dem Untertitel „Skizze einer anarchistischen Erkenntnistheorie", ist das Hauptwerk Paul Feyerabends (s. S. 117) und enthält eine radikale Abkehr von dem Anspruch der westlichen Wissenschaft, als einzige Autorität des menschlichen Erkenntnisfortschritts zu gelten. Gegen den *Kritischen Rationalismus* **Karl Poppers** (s. Kapitel „Philosophie in den Grenzen von Logik und Wissenschaft", S. 76 ff.), aus dem er selbst hervorgegangen war, tritt Feyerabend dafür ein, eine Vielfalt von Methoden und Erkenntnisbemühungen anzuerkennen, vom Orakel bis zur chinesischen Medizin. Zwischen Mythos und Wissenschaft gibt es für ihn keine eindeutige Grenze. Fortschritt in der westlichen Wissenschaft hat es nach Feyerabend immer dann gegeben, wenn geltende Regeln und Machtstrukturen ignoriert wurden. Mit dem Schlagwort *Anything goes* („Alles ist möglich") und der Forderung nach Methodenpluralismus beeinflusste das Buch nicht nur die Philosophie, sondern auch die gesamte Kulturszene der Postmoderne.

Kurzporträt ——————————— **Richard Rorty** (geb. 1931)
Philosoph der Bescheidenheit

Unter den Philosophen des späten 20. und frühen 21. Jahrhunderts ist Richard Rorty ein Star, allerdings ein sehr bescheidener. 1982 gab er seinen Lehrstuhl an der renommierten Princeton-Universität auf und nahm eine Stelle in der Provinz, in Charlottesville/Virginia an. Seitdem beobachtet und kommentiert er den Philosophiebetrieb von der Peripherie her. Bescheidenheit ist auch die Forderung, die er an die Philosophie stellt. Nicht umsonst steht in seinen Schriften der Begriff „Kontingenz", d. h. Endlichkeit, Zufälligkeit, im Mittelpunkt. Die Philosophie, so Rorty, sollte ihren Anspruch, die Überwissenschaft zu sein, die die Fundamente der Wirklichkeit begründen könne, aufgeben und sich stattdessen als eine kulturelle Betätigung neben anderen verstehen.

Rorty gehört keiner bestimmten philosophischen Richtung an und hat sich überall seine Rosinen herausgepickt. Wittgenstein und die **Analytische Philosophie** (s. Kapitel „Philosophie in den Grenzen von Logik und Wissenschaft", S. 76 ff.), Heidegger (s. Kapitel „Frischer Wind in die Metaphysik", S. 66 ff.), Gadamer und die **Hermeneutik** (s. S. 110), die **französische Postmoderne**, aber auch der **amerikanische Pragmatismus** (s. Kapitel „Philosophie in den Grenzen von Logik und Wissenschaft", S. 76 ff.), sie alle haben ihn beeinflusst. Mit dem von ihm herausgegebenen Band *The Linguistic Turn* (1967) lieferte er der ganzen Zunft das Stichwort von der „sprachphilosophischen Wende". Doch erst mit seinen beiden Hauptwerken *Der Spiegel der Natur. Eine Kritik der Philosophie* (1979) und *Kontingenz, Ironie und Solidarität* (1989) kam er zu seiner eigenen Sache, die er in einem Interview von 1997 folgendermaßen beschrieb: „Ich möchte vorschlagen, dass wir mit der Philosophie tun, was die Aufklärer mit der Theologie getan haben." Soll heißen: Die Philosophie sollte nicht mehr als öffentlich wirksame und begründungsfähige Theorie vermittelt, sondern in den Bereich der privaten Überzeugung verbannt werden. Rorty schlägt einen Rollenwechsel vor: Philosophie wird zur Privatsache, während der angebliche private ästhetische Genuss von Kunst öffentlich werden sollte, weil er die Solidarität zwischen Menschen fördert.

Aus seiner philosophischen Grundeinstellung der Bescheidenheit folgert Rorty Toleranz: Er versteht sich als Liberaler in einem sehr weiten Sinn. Demokratie besteht für ihn darin, dass die verschiedensten Theorien und kulturellen Traditionen nebeneinander existieren, ohne einen verbindlichen Wahrheitsanspruch zu erheben. Wie Foucault (s. S. 112) und die französischen Postmodernen misstraut er den „großen Erzählungen" und den Machtansprüchen der Vernunft.

PHILOSOPHISCHE DEBATTE
Relativität und Pluralität in einer multikulturellen Welt

Die meisten der Philosophen, die man zum Umkreis der Postmoderne zählt, vertreten auch in der Öffentlichkeit klare weltanschauliche und politische Positionen. **Michel Foucault** (s. S. 112), **Jean-François Lyotard** und **Jacques Derrida** (s. S. 116) haben sich auf seiten der Linken engagiert. **Paul Feyerabend** (s. S. 117) und **Richard Rorty** (s. S. 119) können als bekennende Liberale, der Altvater der Hermeneutik (s. S. 110), **Hans-Georg Gadamer** eher als ein politisch Konservativer bezeichnet werden. Dennoch werden sie alle häufig als „Relativisten" bezeichnet und mit dem Vorwurf konfrontiert, sie betrachteten moralische, politische und kulturelle Werte als beliebig. Im Gegensatz zu Anhängern des Neoliberalismus und einer erneuerten Aufklärung (s. Kapitel „Vernünftiges Handeln im Kampf der Ideologien", S. 91 ff.), die einen „Universalismus" vertreten, glauben sie nämlich nicht mehr an die Kraft der „praktischen Vernunft", d. h. daran, dass die Philosophie solche

Werte für alle verbindlich begründen könne. Für die Universalisten dagegen sind die in der westlichen Kultur entstandenen Werte der Freiheit, Gleichheit und Brüderlichkeit auch für andere Kulturen vorbildlich. Dieser „westliche Universalismus" wird in Deutschland u. a. von **Hans Albert** (geb. 1921) und **Jürgen Habermas** (geb. 1929, s. Kapitel „Vernünftiges Handeln im Kampf der Ideologien", S. 91 ff.) vertreten. Sie stellen z. B. die Frage, ob eine Kultur, in der Frauen zur Beschneidung oder zum Tragen von Schleiern gezwungen werden, einer Kultur gleichwertig ist, die Männer und Frauen gleich behandelt?

Auf solche Fragen gibt es auch unter den Denkern der **Postmoderne** keine Einheitsantwort. Foucault, Lyotard und Derrida kritisieren zwar das Konzept einer „praktischen Vernunft", aus der Wertmaßstäbe abgeleitet werden können. Aber sie sind keine echten Relativisten. Bei allen drei gibt es eine Art indirekter Begründung einer humanen, nach den Maßstäben von Gleichheit und Freiheit organisierten Kultur. Foucault stellt einerseits mit seiner Kritik an der westlichen Geistesgeschichte den **Eurozentrismus**, d. h. den Alleinvertretungsanspruch der westlichen Kultur auf Humanität, in Frage. Aber durch die Kritik an Macht, Unterdrückung und Ausgrenzung wird die Parteinahme für eine humanitäre Kultur deutlich, in der eben keine Unterdrückung und Ausgrenzung herrscht. Auch Lyotard und Derrida verbinden mit ihrem Eintreten für eine Pluralität und Vielstimmigkeit kultureller Ansätze ein „antitotalitäres" Gesellschaftskonzept, d. h., sie begreifen das kulturelle Nebeneinander nicht als Abschied von westlicher Humanitätsvorstellung, sondern geradezu als Verwirklichung von Freiheit und Toleranz.

Hans-Georg Gadamers *Hermeneutik* (s. S. 110) begünstigt dagegen einen **kulturellen Relativismus**, da dem Menschen die Möglichkeit abgesprochen wird, zwischen guten und schlechten Traditionen unterscheiden zu können. Es gibt eine „Wirkungsgeschichte" und einen Traditionszusammenhang, die unabhängig von den einzelnen Menschen abläuft und in die man sich nur verstehend einordnen kann. Wie Gadamer steht Peter Sloterdijk (s. unten) in der kulturpessimistischen und antiaufklärerischen Tradition Heideggers (s. Kapitel „Frischer Wind in die Metaphysik", S. 66 ff.).

Paul Feyerabend (s. S. 117) ist, wie die französischen Postmodernen, eher ein **Pluralist** als ein Relativist. Er tritt dafür ein, allen Traditionen gleichen Zugang zur gesellschaftlichen Macht zu ermöglichen. Die Frage „Wahrheit oder Freiheit?", die er sich selbst vorlegt, beantwortet er zugunsten der Freiheit. Doch gerade mit seinem Plädoyer für Freiheit beruft er sich auf **John Stuart Mill**, den Begründer des modernen **Liberalismus** (s. Kapitel „Freiheit und soziale Gerechtigkeit", S. 45 ff.), der Freiheit als „universalen" Wert begründet hat. Auch Richard Rorty ist Verfechter einer „Menschenrechtskultur", d. h. einer Kultur, in der Menschenrechte wie Freiheit, Würde, Rechtsgleichheit die Grundlage menschlichen Zusammenlebens sind. Aber er lehnt es ab, eine solche Kultur, wie dies z. B. Habermas versucht, mit Hinweis auf kulturübergreifende, „vernünftige" Regeln zu begründen. Sie sollte sich vielmehr durch ihre Praxis als Lebensform durchsetzen und dadurch das „Gefühl" der Solidarität und Gemeinsamkeit unter Menschen fördern. Die westliche Kultur sollte sich darauf beschränken, ein gutes Beispiel abzugeben. Nach dem Motto: Nicht Wasser predigen und Wein trinken, sondern Wasser trinken und gar nicht predigen.

Peter Sloterdijk (geb. 1947) ———————— *Kurzporträt*
Medienstar im *Menschenpark*

Peter Sloterdijk liebte es von Anfang an, dem trockenen Argumentieren und Vernünfteln mit medienwirksamen Gesten entgegenzutreten. Nachdem er von einem Bhagwan-Trip aus Indien zurückgekehrt war, veröffentlichte er 1983 seinen Publikumserfolg ***Kritik der zynischen Vernunft***, in dem er u. a. den altgriechischen Kyniker Diogenes (den in der Tonne) als Beispiel einer Philosophie feierte, die mehr durch ihre Haltung als durch Argumente wirkt. Sloterdijks Thesen richten sich vor allem gegen die Erben der Aufklärung, den Humanismus und den Alleinvertretungsanspruch der Vernunft. Sein Lieblingsfeind ist die **Kritische Theorie** der Frankfurter Schule (s. Kapitel „Vernünftiges Handeln im Kampf der Ideologien", S. 91 ff.) und deren Statthalter, **Jürgen Habermas** (s. ebd.). Dem großen Einfluss von Habermas im deutschen Philosophiebetrieb entgegentretend, bemüht er sich seitdem, sich als philosophischer Gegenpapst zu installieren.

Nicht zufällig sind es vor allem Kritiker der Rationalität wie Nietzsche und Heidegger, mit denen Sloterdijk sich geistesgeschichtlich verbündet. 1999 schockierte er die Öffentlichkeit mit seinem Vortrag *Regeln für den Menschenpark*, der als Antwort auf Heideggers *Brief über den Humanismus* (1946) geschrieben wurde. Hier forderte er von der Philosophie, sich aktiv in die Diskussionen um Gentechnik einzuschalten und das Züchten eines neuen Menschen nicht den Technokraten allein zu überlassen. Wie für Nietzsche ist der moderne Mensch für Sloterdijk nämlich ein eher reduziertes und mickriges Wesen, dessen kulturellem Werdegang er in seinem mehrbändigen Großwerk *Sphären* nachspürt.

Internethinweise

Die folgenden Internetseiten bieten Texte und weiterführende Informationen zu Leben und Werk der Philosophen. Sie eignen sich gut als Startseiten für weiteres Stöbern.

http://www.gutenberg.aol.de/gutenb.htm
Obwohl keine ausgesprochene Philosophie-Adresse enthält das Projekt Gutenberg zahlreiche zentrale Texte der Philosophie (u.a. Platons *Politeia – Der Staat*, Kants *Kritik der reinen Vernunft* und Nietzsches *Also sprach Zarathustra*) – aus Copyright-Gründen aber nur Texte von Autoren, die vor mehr als 70 Jahren gestorben sind.

http://www.fingerhut.de/geisteswissenschaften/philosophie.htm
Dies ist wohl eine der umfangreichsten Philosophie-Linksammlungen und bietet auch für den allgemein interessierten Leser einiges.

http://www.obing.de/zenz/links23.htm
Hier können die Philosophen des 20. Jahrhunderts in einer feinen Linksammlung kennen gelernt und erforscht werden.

http://www.philo.de/Philosophie-Seiten/index.htm und **http://www.philothek.de/books.htm**
Gelungene, umfangreiche Einstiegsseiten für alle Anlässe.

http://www.philosophinnen.de
Da von wenigen Darstellungen abgesehen die meisten Philosophinnen leider fehlen, ist diese umfangreiche und sehr gut zu benutzende Seite ein Muss.

Beispielhafte Autorenseiten
Sokrates: http://www.sokrates-online.de.vu/
Augustinus: http://www.augustinus.de
Friedrich Nietzsche: http://www.friedrichnietzsche.de/ und http://www.virtusens.de/walther/
Martin Heidegger: http://www.heidegger.org

Register

a priori, s. Erkenntnisse a priori
Absolute 37 ff., 40 ff., 52,
Absurde 75
Adorno 94, 99, 100
Albert 87, 121
Also Sprach Zarathustra 61, 64
Amerikanischer Pragmatismus
    77 ff., 108
Analytische Philosophie 67,
    76 ff., 87, 108, 110,
Anarchismus 54 f.
anarchistische Wissenschafts-
    und Erkenntnistheorie 115
Antike Philosophie 7 ff.
Apel 102, 104
Arendt 92, 95–97, **96 f.**
Aristoteles 7, 11 ff., **12**, 16, 76,
    93, 107
Aufklärung 17 ff., 26 ff., 31 ff.,
    37, 92, 101, 105, 114,
Augustinus 8, **15**
Autonomie 18, 26, 28 f., 95, 101,
    113,
Ayer 83

Bacon 21
Bakunin 55
Barthes 112
Beauvoir **74 f.**
Benjamin 94, 99
Bentham 49
Bergson 66, **68**, 69
Berkeley 22
Bloch 91, **93 ff.**, 97, 103

Bourgeoisie 47, 53
Burke 46

Camus **74**, 75
Carnap 82 f., 87 f.
Cartesische Philosophie, Cartesi-
    anismus 19, 21
Christentum, christliche Philoso-
    phie 7 ff., 15 f., 56, 61, 64
Comte 83
Condorcet 30

Darwin 57, **59**, 65, 67, 71
Dekonstruktion 109, 115 ff.
Demokrit 10
Derrida 73, 109, 111, 115–117,
    116, 120 f.
Descartes 17, **19**, 21, 114
Deutscher Idealismus 37–42, 44,
    56 f.,
Dewey 78
Dialektik 40, 42 f., 52, 100,
Dialektik der Aufklärung 100 f.,
dialektischer Materialismus 43,
    52,
Diderot 29, 32
Die Welt als Wille und Vorstellung
    56, 58 f., 62,
Dilthey 68, 110
Ding an sich 23, 26 f., 39, 59,
Diskursethik 93, 101 f., 104,
Eine Theorie der Gerechtigkeit
    105 f.

Emerson 57, 62 f.
Empirismus 21, 23, 26, 35, 83
Engels 46 f., **51**–54
Enzyklopädie 29
Epikur **13**
Erkenntnisse a priori 21 ff., 27,
Erkenntnistheorie 21
Ethik (s.a. Moralphilosophie) 12
Evolutionstheorie 57, 59 f., 65,
    67 f., 71,
Existenz 38, 44, 74
Existenzphilosophie, Existentia-
    lismus 67 f., 72 f., 74 f., 97,

Feminismus 49, 75,
Feuerbach 52
Feyerabend 85, 108, 115,
    117–120, 122
Fichte 37, 39, 42
Foucault 109, **112 f.**, 115, 120 f.
Frankfurter Schule 92, 94 f.,
    98 ff., 123
Frege 76
Freud 57, 59, 63, **64 f.**

Gadamer 109, 110 f., 119, 120 f.
Geschichtsphilosophie 30, 53,
    103,
Gesellschaftsvertrag, s. Vertrags-
    theorie
Gewaltenteilung 34

Habermas 93, 98, 100 ff., **101**,
    104, 121, 123
Hartmann 69, 71
Hegel 37–43, **41**, 57 f., 75
Heidegger 67, 69–75, **72**, 97, 99,
    110, 116, 119, 122 f.
Heraklit 10
Hermeneutik 108–111, 116, 121
historischer Materialismus 52

Hitler 92
Hobbes 33
Hölderlin 58, 75
Horaz 13
Horkheimer 99 ff.
Hume 18, 22, **24**, 28
Husserl 66 f., 69 f., **70**, 74 f.

Idealismus 9, 12
Idee des Guten 11
Ideenlehre 9 ff.
Individualismus 44, 50 f., 55.,
    67, 106
Islam 16, 30

James 79
Jaspers 72, 97
Jesus v. Nazareth 8

Kant 18f, 22 f., **24 ff.**, 29 f., 34 f.,
    37 ff., 58, 87, 93, 102
Kategorischer Imperativ 26 ff.,
    103,
Kierkegaard 38, 40, **43 f.**, 66
Kommunismus 46, 48, 51–55,
    91,
Kommunistisches Manifest 51,
    53
Kommunitarismus 91, 98, 104,
    106 f.,
Kritik der reinen Vernunft 19,
    23, 25 ff.,
Kritische Theorie 98 f., 100, 123
Kritischer Rationalismus 77,
    85 ff., 108, 117
Kuhn 85

Lacan 112
Lebenskunst 14
Lebensphilosophie 66ff,
Leibniz 21, 31

Lenin 46, 51, 54
Lessing 30
Lévi-Strauss 111
Liberalismus 34 ff., 45, 47 ff.,
   91, 105, 122
linguistic turn, s. Wende
   zur Sprache
Locke 18, 21, 28, 30, 33–36, **35**
Logik 12, 76–90, 97, 111,
Logischer Atomismus 79
Logischer Empirismus 82 f.
Logischer Positivismus 77,
   79 ff., 83 ff., 86 f., 111
Lukács 91, **93 f.**, 97, 103
Lyotard 108 f., 114, 116, 120 f.

Mach 82
MacIntyre 107
Maestre 47
Marcuse 99
Marx 46 f., **51–54**
Marxismus 43, 51 ff., 91, 93, 98,
   101 ff.,
Materiale Wertethik 71
Materialismus 12, 52
Metaphysik 10 f., 12, 57, 66–75,
   89
Mill 46–50, **48**, 122
Montesquieu 34 f.
Moralphilosophie 27 f., 50, **71**,
   93, 103, 106,

Natürlichkeit 32, 62 f.
Naturzustand 28 f.
Neoliberalismus 91 f.,
Neomarxismus 91 f.,
Newton 21
Nietzsche 57–**61**, 63 f., 66, 68 f.,
   75, 109, 113, 123
Nihilismus 61
Novalis 41

Nussbaum 107

Offene Gesellschaft 92, 95 f.,
Ontologie 10

Parmenides 10
Peirce 78
Phänomenologie 66 f., 69 f., 74,
   108
Philosophische Anthropologie
   67, 72
Philosophische Untersuchungen
   81, 88
Platon 7, 9–13
Plotin 11
Pluralismus 96, 109, 122
Politeia (Der Staat) 9
Politik, Politische Philosophie
   12, 77 f.
Popper 77, 84–87, 89, 92, 95 ff.,
   96 f., 118
Postmoderne 64, 72 f., 85,
   108 f., 112–117
Pragmatismus 77 ff., 108
Proletariat 46, 51, 53, 99
Psychoanalyse 63, 65, 98, 112
Putnam 90

Quine 83, 85, **88 ff.**

Rationalismus 17, 19 ff., 26,
Rawls 92, 98, **104 ff.**
Relativismus 103, 121
Rhetorik 12
Romantik 32, 37, 41
Rorty 108 f., 111, 115, **119 f.**, 122
Rousseau 24 f., 28, **32 ff.**
Russell 76 f., **79 f.**, 82
Ryle 89

Sartre 72–75, **74**, 112
Saussure 111
Scheler 67, **70 ff.**
Schelling 37–43, **40**
Schlegel 41
Schleiermacher 110
Schlick 82, 86
Schopenhauer 41, 56 ff., **57**, 61 ff., 66, 68 f.
Seelenruhe 13 f.
Sein und Zeit 72 ff., 110
Simmel 68
Sloterdijk 115, **122 f.**
Sokrates 7 ff., **8**, 44, 61, 87
Sozialismus 45, 47 f., 50–55, 91,
Spinoza **20 f.**
Sprachanalytische Philosophie 78
Staat 9, 33 ff., 48, 50 f., 54 f., 92, 98, 100 f., 105
Stalin 92
Stirner 55
Strukturalismus 108, **111 f.**, 113, 116

Taylor 49
Teleologie, teleologisch 12 f.
Taylor 107
Thales v. Milet 10
Thomas v. Aquin 8, **16**
Tocqueville 46 f., 49
Toleranz 28, 30, 36,
Totalitarismus, totalitär 86, 91 f., 95 f.,
Tractatus logico-philosophicus 77, 80 ff., 87
Transzendentalphilosophie, transzendental 27, 57, 62, 78,

Universalismus 103, 120
Utilitarismus 49 f.,
Utopie 94 f.,

Vertragstheorie 32 ff., 92, 105,
Voltaire 18, 29 ff., **31**

Walzer 106 f.
Weisheit, Weisheitslehre 14
Wende zur Sprache *linguistic turn* 77, 119
Whitehead 69, 76
Wider den Methodenzwang 85, 115, 118 f.
Wiener Kreis 77, 80–90, 118
Wille 58 ff.
Wille zur Macht 61, 63 f., 68
Wissenschaftstheorie 85 f., 97, 115, 117
Wittgenstein 77 ff., **80 f.**, 88, 115, 119
Wojtyla (Johannes Paul II.) 70